Bärbel von Wartenberg-Potter
Die Reise der Pachamama

Wenn es drauf ankommt
halten angelernte Wahrheiten
nichts mehr auf

und auch Zeichen selbst heilige
sind dann nicht mehr genug

wenn es drauf ankommt
rettet uns nur
entschlossene Ganzheit:
Brot Würde und gerechter Friede

Heute
auf der Schneide
des vielleicht letzten Jahrtausends
glaub es Mensch
kommt es drauf an

Bärbel von Wartenberg-Potter

Die Reise der Pachamama

Eine theologische Erzählung

Kreuz Verlag

Das Gedicht »Wenn es darauf ankommt« ist entnommen dem Beitrag »Zeit zum Glauben« von Bärbel von Wartenberg-Potter in »Unsere Zeit in Gottes Händen. Kirchentag 1989 in Berlin«, herausgegeben von Raul Niemann, Gütersloher Verlagshaus Gerd Mohn, Gütersloh 1989 (GTB 1104).

CIP-Titelaufnahme der Deutschen Bibliothek

Wartenberg-Potter, Bärbel von:
Die Reise der Pachamama: eine theologische Erzählung /
Bärbel von Wartenberg-Potter. – 1. Aufl. –
Stuttgart: Kreuz-Verl., 1989
ISBN 3-7831-0978-7

1. Auflage
Kreuz Verlag Stuttgart 1989
Umschlaggestaltung: Jürgen Reichert, Kornwestheim
unter Verwendung eines Bildes von Jane Ray, London,
gemalt für das Chile Committee for Human Rights in London
Gesamtherstellung: Wilhelm Röck, Weinsberg
ISBN 3 7831 0978 7

Inhalt

Allen denen es
in meinen Ulmer und Stuttgarter Jahren
drauf ankam

Was sucht ihr den Lebendigen bei den Toten?

Versuch,
Gott heute beim Namen zu nennen

Auf der Suche

Die schönen vielfältigen Gewänder der Gottessprache sind im Laufe der Geschichte fadenscheinig geworden und verblaßt. In bunten Gewändern war Gott unter den Menschen gewesen, auf dem Wasser wandelnd, himmlische Leitern auf- und absteigend, auf Wolken, im Wind und im Licht, Brot brechend, in Zungen aus Feuer, in Geburtswehen und weißen Kleidern, im Starrsinn von Eselinnen, in Todesgärten und Gärten der Freude.

Die schönen Gewänder der Gottessprache sind aber heute von vielen Menschen zerrissen, verworfen, vergessen.

Nur noch Nacktes, Dürres und Totes blieb übrig – oder seltsam Übertriebenes. Auf einem Ästchen der Metaphysik überlebte das Gottesbild noch ein Weilchen, in logische Engen getrieben, bis auch dieses Ästchen brach für die Menschen der Neuzeit. Gewiß, sie hatten sich Mühe gegeben, Gott einen Platz zu sichern unter seinen/ihren Verächtern. Doch wir fahren auch heute fort, Gott zu »töten«, mit Argumenten, Geschwätz, Vergeßlichkeit, Dogmatismus. Doch schrecklicher noch und wirksamer mit den gott-losen Taten.

Wie damals weinen ein paar Frauen am Grab ihrer Hoffnung und Freude. Aber Gott ist nicht abzuschaffen, nicht auf diese Weise, nicht mit Mißachtung, Demontage und Kreuzigung.

Mit dieser jahrhundertealten Gewißheit machen sich Menschen, Frauen heute wieder auf den Weg: »Was sucht ihr den Lebendigen unter den Toten?« – unter den toten Gottes-Bildern? Heimlich beginnen sie wieder, neue Gewänder zu weben, neue-alte Gottesgewänder, denn ein Gärtner tritt schon in den Oster-Garten – oder ist es gar eine Gärtnerin? Nur ein liebender Blick kann die neue Gestalt, so unerwartet, erkennen. Gott in uns ebenbürtiger Gestalt, unsere Nähe suchend, mit uns auf dem Weg nach Emmaus.

Die Sehnsucht nach Nähe, Gemeinschaft, nach Sinn und Wahrheit, nach Mut und Liebe und vor allem nach der Gerechtigkeit ist nicht umzubringen, noch die Erfahrung, daß Gott in unserer Mitte ist, wo zwei oder drei in Gottes Namen versammelt sind, Brot für die Hungrigen brechen und teilen. Gott gibt Kraft und Geduld, den Stein vom Grab der Religion und des erstarrten Glaubens hinwegzurollen.

Laeros

Das griechische Wort *laeros* bedeutet so viel wie Humbug, Unsinn, dummes Zeug. Der Evangelist Lukas benutzt dieses Wort, um die Reaktion der Jünger zu beschreiben, als die Frauen die Osterbotschaft brachten: »Jesus lebt!« Erst als die Jünger selbst diese Erfahrung gemacht hatten, verwandelte sich der »Humbug« in die Grundlegung des christlichen Glaubens. Das Wort der Frauen allein war *laeros*.

Vielleicht gibt es ein Lernen aus der Geschichte, vielleicht auch die tiefere Einsicht in die wirkliche Gleichberechtigung der Geschlechter.

Vielleicht ist heute die Zeit, daß die Kirche dem *laeros,* den theologischen Neuentdeckungen der Frauen am Ende des 20. Jahrhunderts, ein wenig mehr Vertrauen und Glauben schenkt.

Gott, schwesterlich

Aus Frauenhänden hat mir Gott in meinem Leben viel Gutes zuteil werden lassen, an Frauenhänden mich geleitet und bewahrt. Ich habe gelernt, diese Hände als Gottes Werkzeuge zu sehen, zu benennen und zu lieben. Deshalb bin ich in erster Linie eine Erfahrungs-Feministin. Wie viele Frauen habe ich kluge Bücher gelesen, Reden und Geschichten gehört, die über die Frauenfrage sprachen. Überzeugt aber wurde ich letztlich dadurch, daß ich meine zahlreichen guten Erfahrungen mit Frauen endlich ernst nahm. Die meisten dieser Frauen waren übrigens keine bewußten Feministinnen.

Meine Mutter hat mich als Baby in den Hungerjahren des Krieges außergewöhnlich lange gestillt. So ist Gottes Güte für mich wie die Brust einer Mutter. Meine Schwestern schützten mich vor den Widerwärtigkeiten der Kinderzeit und den Ängsten des Alleinseins, sie trugen mich in Bombennächten in den Keller und kuschelten sich neben mich. So ist Gottes Schutz für mich wie die starken Arme meiner Schwestern.

Freundinnen haben mit mir im Chor das Lob Gottes gesungen, mit mir gelernt und studiert, gemeinsam sind wir in die Geheimnisse der Theologia eingedrungen. So ist Gottes Weisheit für mich verbunden mit den klaren Stimmen und forschenden Augen von Studierenden.

Frauen haben für mich gekocht und gebetet in den schlechten Zeiten des Lebens, sind bei mir gesessen in zäher Geduld, haben zugehört und ausgeharrt; dies alles fällt mir ein, wenn ich sage: Gott ist Liebe.

Von Frauen habe ich vieles gelernt, alles, was mein Frausein betrifft, die ganze leib-geistig-geistliche Weise des Lebens, meine Frauen-Identität; so kann ich sagen: Gott ist eine Lehrmeisterin.

Frauen haben mit mir geweint an den traurigsten Tagen meines Lebens, sie haben mich auch in *ihr* Herz blicken lassen, ihre Lebensgeheimnisse mir anvertraut. So kann ich sagen: Gott ist Mitgefühl.

Frauen haben mit mir gekämpft gegen das »Untier, das diese Welt quält«. Kluge Pläne haben wir ausgeheckt im Interesse von Frauen. Sie haben zu mir gehalten, mich getröstet, unterstützt und verbessert in allem, was für mich Bedeutung hatte. Deshalb kann ich sagen: Gott ist Schwesterlichkeit.

Die meisten taten es, ohne daß ich zuerst etwas für sie getan hätte, ohne etwas dafür zu erwarten, ohne Gegenleistung, ohne »Do, ut des« (Ich gebe, damit du gibst). Deshalb kann ich glauben: Gott ist barmherzig, selbstlos, gnädig.

Es gibt viele solcher Bilder in meinem Leben. Ich will aus diesem Schatz schöpfen, um Gott mit den Namen *meines* Lebens zu benennen. Ich will sie bescheiden, aber bestimmt hinzufügen und neben die alten ehrwürdigen Zeugnisse der Jahrhunderte stellen, die von Gott als dem Vater, dem König, dem

Streiter, dem Bruder sprechen. Alle diese Bilder sind mir auch wertvoll, denn auch sie sprechen meine Erfahrungen mit Menschen aus, mit Männern, und spiegeln Vielfalt und Fülle des Lebens.

Nur die Menschensprache mit ihren Bildern steht uns zur Verfügung, um Gott zu benennen. Gott ist aber mehr als die Summe dieser Bilder. Mehr, weil nicht verrechenbar, abrufbar, kalkulierbar in solchen Bildern. Mehr, weil Gottes Anwesenheit durch die Geschichte hindurch viele Ausdrucksformen gefunden hat. Aber nicht jedes Bild vermag Gott einen Raum zu geben. Es gibt solche, auch von Frauen, die sich unversöhnbar stoßen an den großen biblischen Bildern, daß Gott gerecht ist, Liebe ist, Wahrheit ist, Gemeinschaft stiftet. In diese biblische Tradition habe ich mich gestellt und will ihr treu bleiben. Aber ich bin fest davon überzeugt, daß in vielen neuen Namen, die Frauen heute finden, sich das Alte, vielleicht auf wahrere Weise, erhält.

Das andere muß auch noch geklärt werden: Wann immer wir Gott in eines unserer Bilder – und sei es das von Jesus benutzte »Abba-Vater« – *ausschließlich* pressen, haben wir ein Götzenbild errichtet. Diesem Götzenbild gilt viel der Aggression, die Frauen heute dem »Vatergott« entgegenschleudern. An solcher Ausschließlichkeit will ich mich nicht beteiligen. So bringe ich mein Scherflein zum Schatz der Gottes-Erfahrungen der Jahrhunderte hinzu und lege es in den Kasten: Gott ist schwesterlich zu mir gewesen in meinem Leben.

Gespräch mit Herrn Keuner

»Einer fragte Herrn Keuner, ob es einen Gott gäbe. Herr Keuner sagte: ›Ich rate dir, nachzudenken, ob dein Verhalten je nach der Antwort auf diese Frage sich ändern würde. Würde es sich nicht ändern, dann können wir die Frage fallenlassen. Würde es sich ändern, dann kann ich dir wenigstens noch so weit behilflich sein, daß ich dir sage, du hast dich schon entschieden: Du brauchst einen Gott‹« *(Bert Brecht)*.

Ja, ich brauche Gott, würde ich Herrn Keuner antworten, und ich glaube, daß alle Menschen Gott brauchen. Wir müssen uns immer an etwas Wahrerem als uns selbst messen können. Wir brauchen, wie das Streichholz, die Reibefläche, woran wir unsere Flamme entzünden, damit ein Feuer der Gerechtigkeit auf dieser Erde brenne. Wir brauchen das Urbild, nach dem wir geschaffen sind, um unser Menschsein, unser Frausein daran zu gewinnen, um zu wissen, wer wir sind.

Ich brauche Gott, in dessen/deren Nähe wir starke Frauen werden und sein können, Gott, der/die unsere Stärke nicht fürchtet und zerbricht, sondern liebt und fördert, uns gut, ganz und schön haben will, mutig und leidenschaftlich, aufrecht und frei. Ich brauche Gott als Schwester und Bruder, um den Kopf an ihre Schultern legen zu können, wenn es Tränenzeit ist. Ich brauche Gott als Mann und Geliebten, der mich erkennt. Als Mutter und Vater, auf die Verlaß ist und die auch einmal streng zu mir sind. Ich brauche Gott, schwesterlich-brüderlich zürnend mit mir über das himmelschreiende Unrecht, das den Menschen und der Mutter Erde angetan wird.

Ich brauche Gott (auch weiterhin) als König, dessen Berufung im alten Israel es war, als erster in die gefährliche Situation hineinzugehen, dem Volk voran, um es durch die Gefahr hindurchzuführen. Ich brauche Gott, richtend und sorgend, daß den Schwächsten in der Gesellschaft, den Witwen und Waisen, den Fremdlingen, kein Haar gekrümmt wird und sie zu ihrem Recht kommen.

Ich brauche die Geburtswehen Gottes, die in meinen eigenen Schmerzen auf dem Weg in die neue Schöpfung weiterbeben.

Ich brauche Gott als Mitstreiterin gegen das gotteslästerliche Unrecht, gegen das zu kämpfen ich nicht müde werden will, und dazu brauche ich allen Beistand.

Herr Keuner braucht Gott anscheinend nicht. Er handelt ohne das Antriebsrad Gott, und das Wächterauge Gottes muß der Integrität seines Handelns nichts hinzufügen.

Ich aber brauche Gott, ist meine Antwort an Herrn Keuner, nicht um die Verantwortung für die Welt abzuschieben, sondern um Kraft und Orientierung zu erhalten für eben diese Verantwortung. Damit ich über meine eigenen Grenzen hinauswachsen kann und meine Fehler und Niederlagen mich nicht zur Strecke bringen. Damit ich weiß, wie wahres, gottgewolltes Leben sein könnte, damit ich den aufrechten Gang erlerne, das Leben für andere. Mein Handeln wird sich ändern und nicht ändern, denn Gott hilft mir, dem eingeschlagenen Weg treu zu bleiben, diesen Weg überhaupt erst einmal zu finden und, wenn abgeirrt, wieder darauf zurückzufinden. Gott hilft mir, an den guten Ausgang, an das Reich Gottes zu glauben. Die Schwäche an Herrn Keuners eindrucksvoller Lebenshaltung, scheint mir, ist, daß sie wenig Platz für Fehler, Schwäche und Katharsis/Reinigung hat. Gott ist Orientierung, Kraft für den Weg, Ausdauer, ist Korrektur, Vergebung. Gott ist das Ziel.

Wünschelrutengang

In Märchen wird oft von Menschen erzählt, die mit einer Wünschelrute umhergehen, um irgendwo einen verborgenen Schatz zu finden. Wenn sie an den Ort kommen, beginnt die Rute auszuschlagen.

Mit solch einer Gottsucher-Rute schreite ich den Boden meiner Welt ab: die Predigten, die ich höre, die Bücher, die ich lese, die Lieder, die ich singe, die Gebete, die ich spreche, die Menschen, denen ich begegne, Ereignisse, die sich begeben, Handlungen, die geplant werden, Dinge, die ich tue.

An zwei Stellen schlägt meine Gottsucher-Rute deutlich aus: am stärksten dort, wo es um Gerechtigkeit geht. Vom leisen Beben bis zum heftigen Pochen nehme ich alles wahr mit einer ungeheuer geschärften Wahrnehmung, denn Gott ist das Woher aller Gerechtigkeit. Alles, was Menschen befähigt, Gerechtigkeit herzustellen, alles, was Menschen ermutigt, nach tausend Wegen zu suchen, gerecht zu leben, kommt direkt von Gott, ist Gott in der Geschichte. Ich meine damit nicht die Gerechtigkeit mit den verbundenen Augen, deren Wesen die Unbestechlichkeit ist. Gottes Gerechtigkeit ist Liebe mit *sehenden* Augen. Gottes Gerechtigkeit sieht – und zwar mit den Augen der *Opfer*. Beginnt meine Rute auszuschlagen, dann bewege ich mich sicher, bin ich Gottes gewiß, habe ich meine Zweifel über Bord geworfen, bin auf festem Boden. Gott ist gerecht mit sehenden Augen, gerecht zu Frauen, Ausländern, Schwarzen, Kindern, Behinderten, Minderheiten, Ausgebeuteten, Armen, gerecht zu den Opfern, wie immer sie heißen. Gott hat diese Vorliebe für die Opfer und beruft sich Menschen, die dafür arbeiten, daß die Beziehungen zwischen den Menschen so gerecht sein sollen wie Gott selbst. Gott ist Gerechtigkeit in den menschlichen Beziehungen.

Nicht daß sich Gott nicht um die »Täter« kümmerte. Wie könnten gerechte Beziehungen entstehen, ohne daß die »Täter« in den Blick kommen? Gibt es denn keine »Gute Botschaft« für die »Täter«, fragen die, deren Sorge in erster Linie den »Tätern«

und ihrer unschuldig-schuldigen Gefolgschaft gilt. Natürlich: Gott *ist* eine »Gute Botschaft« auch für die »Täter«. Die Botschaft ist: »Kehre um, tue Buße, verkaufe alles, was du hast, und gib's den Armen.« Das Gute an der Botschaft liegt in dem Angebot, daß Dinge korrigierbar sind und nicht zum Status quo verurteilt, daß durch unsere Umkehr die schlechte Realität gut, das Krumme gerade werden kann. Gott öffnet den Menschen die Möglichkeit, gibt ihnen Kraft, ihr Leben zu verändern und damit an der Herstellung gotteswürdiger Beziehungen zwischen den Menschen mitzuwirken. Von Johannes dem Täufer, der die schrecklichsten Beschimpfungen ausstieß (»ihr Otterngezücht«), wird gesagt: »Indem er noch viele andere Mahnungen gab, verkündete er dem Volk Frohe Botschaft« (Lukas 3, 18). »Froh« bedeutet nicht »leicht« und »heiter« oder »beruhigend« und »alles kann bleiben, wie es ist, Jesus liebt dich«, sondern ein tieferes Froh-Sein, ein im Tal der Buße gereinigtes Froh-Sein derer, die den Ballast der stillschweigenden und offenen Komplizenschaft mit dem Unrecht abgeworfen haben. Solche Menschen im Kontext der »Ersten Welt« aufspürend, schlägt die Gottsucher-Rute freudig aus.

Auch an einer anderen Stelle wird mir die Gegenwart Gottes gewiß: wenn Menschen *ihren* brennenden Dornbusch im Leben gefunden haben, wie Mose in der Wüste. Das sich nicht verzehrende Feuer des Dornbuschs, Symbol der geistigen Kraft, entzündet die, die ihm gegenübertreten. Sie werden auf den

Weg geschickt, um dieses Feuer Gottes und den darin enthaltenen Auftrag weiterzutragen. Ob solche Beauftragung bei einem Spaziergang am Meer geschieht oder durch eine Krankheit, einen Abschied, eine Reise, einen Tod, eine Geburt, ein Gesicht, eine Predigt, ein Bild, eine stille Stunde, ein Gespräch, eine gemeinsame Aktion, das ist nicht festgelegt, es gibt viele Dornbüsche.

In sehr vielen Menschen aber brennt einfach gar nichts, ein trübes Lichtlein flackert vor sich hin. Mit einem sich nicht verzehrenden Feuer entzündet sein heißt, hinausgehen, um dieses Feuer in vielen Herzen zu entzünden: Liebe, Gerechtigkeit, Leidenschaft für das Leben, für die Menschen, für die Erde. Freilich, nicht aller Eifer ist Gottes-Eifer. Viel Fanatismus und Machtgerangel schmücken sich dergestalt. Aber ohne irgendwelchen Eifer entläßt Gott niemanden aus einer Begegnung: Gott ist das Woher des mutigen, menschendienenden Handelns. Es brennen viele Dornbüsche an unseren Wegen, viele Menschen aber sagen wie Mose anfänglich: »Gehe doch, wer will. Schicke doch, wen du willst, nicht mich.« Gott aber ist bei denen, mit denen, in denen, die sich schicken lassen.

Die Zukunft Gottes

Wenn alle Gottesbilder
deren das menschliche Herz
je fähig war

im Aufstand
der Scharfsinnigen und Überdrüssigen
gestürzt sein werden

werden wir dennoch
nicht aufhören wollen

vor dem brennenden Dornbusch
der uns bestimmt ist

die Schuhe von den Füßen zu streifen
auf heiligen Boden zu treten
und mutig zu sagen:

Hier bin ich
schicke mich

Die Reise der Pachamama

Eine theologische Erzählung

Jane Ray, London, gemalt für das Chile Committee for Human Rights in London

Jane Ray 86

Ein Bild blickt dich an

Es gibt Augenblicke, da trittst du vor ein Bild und entdeckst plötzlich dich selbst darin. Nicht so, wie du bist, es ist ja kein Spiegel, sondern so, wie du sein könntest, wie du sein möchtest. Du stehst vor deinen besseren Möglichkeiten. Sie treten klar und deutlich vor dich und rufen dich aus den »So-ist-es-eben«-Sätzen, mit denen du dein bisheriges Leben eingerichtet hast. Die Gleichförmigkeit des Tages ist auf einmal vorbei, und es gilt, diese Chance wahrzunehmen. Es sind nicht nur die unausgeschöpften Möglichkeiten, vor denen du stehst, auch die verfehlten. Eine Stimme spricht zu dir, in dir, die sagt: So warst du von allem Anfang an gemeint.

Alles dies geschieht scheinbar ganz willkürlich: Manchmal beginnt ein Bild zu sprechen, das einem schon oft vor Augen war. Oder es kommt uns etwas ganz Neues und Ungesehenes vor Augen, das mit Macht nach uns greift.

Solch ein »Zufall« traf mich irgendwann beim Öffnen der Post. Es war ausgerechnet eine jener Drucksachen, denen ich immer wenig zutraue.

Da lag es vor mir, das Bild einer Frau auf der Titelseite einer Zeitschrift. Diese Frau kam wie aus einer anderen Welt. Sie blickte mich gar nicht an, war wie weggewendet, aber ihr Auge reichte weit. Alles auf diesem Bild, die Linien, die Farben, die Gegenstände begannen zu mir zu sprechen.

Ich las, daß dieses Bild von der englischen Künstlerin Jane Ray gemalt und von einem Chile-Kommittee für Menschenrechte in England als Grußkarte verwendet worden war. Ich weiß nicht, ob es ein besonders großartiges Kunstwerk ist. Aber von jenem Morgen an begann mich dieses Bild zu begleiten. Ich ließ es mir zum Poster vergrößern und nahm es mit auf meine Sommerreisen. In den öffentlichen Reden, die ich zu halten hatte, und in privaten Begegnungen mit vielen Menschen brachte ich es immer wieder zur Sprache. Es war wie eine lebendige Quelle. Mehr und mehr Entdeckungen kamen zusammen. Manche Betrachterinnen und Betrachter sahen Dinge, die mir nie aufgefallen wären. Vielleicht blieb vieles Wichtige auch ganz unentdeckt. So ist es der Mühe wert, dieses Bild gründlich zu betrachten, bevor man-frau-mensch die folgenden Seiten liest.

Diese Frau begann also mit mir zu reisen, und ich möchte diese Reise mit ihr zu Papier bringen. Vielleicht gelingt es, sie so zum Sprechen zu bringen, daß wir uns selbst wiedererkennen, so, wie wir eigentlich gemeint sind.

Die leuchtenden Farben der Bilder und Stoffe aus Lateinamerika hatten es mir schon immer angetan. So verfiel ich den lebendigen Farben dieses gemalten Teppichs auf den ersten Blick.

Da waren die stark gezeichneten Züge der Frau, ihr indianisches Gesicht, das tiefschwarze, auf die Schultern fallende Haar – und die Augen, die wachsam wie die eines Adlers sind und doch nach innen zu blicken scheinen. Ernst, ja traurig blickt sie. Sie trägt ein Kind, um das sie schützend die Arme legt. Ihr Kleid ist von einem tiefen, warmen Rot, das von ihrer Leidenschaft für das Leben, von ihrer Liebe spricht. Das Blau des Kindergewandes setzt sich im leuchtenden Blau des Himmels fort. Mond und Sterne zeigen die Nacht an, zwei Vögel steigen zu beiden Seiten der Frau in den Nachthimmel auf. Die Landschaft aber ist hell und klar, der Schnee der Berggipfel leuchtet über dem Grünbraun der Berge. Vielleicht ist die Sonne, die das Kind, halb verdeckt, auf seinem Gewand trägt, verantwortlich für die Helligkeit, die über der Nacht liegt?

Da steht sie, die Frau, majestätisch, mit bloßen Füßen auf der Erde. Ihr Kleid weitet sich zu einem Zelt, das die Welt zeigt, in der sie lebt. Sie gewährt uns einen Blick in ihr tiefstes Innere.

Da ist eine Hütte, vor der Wäsche im Wind flattert. Ein Mädchen und ein junger Mann singen, es sind wohl Protestlieder, und der junge Mann spielt auf einer indianischen Flöte, Poesie des Protestes. Aber durch die Mitte dieser Innen-Welt ist Stacheldraht gezogen. Aneinandergekettete Frauen vor einem Gefängnisgitter säumen das Kleid. Sie haben die Münder zum Protest geöffnet und tragen Fotos ihrer verschwundenen Kinder, Brüder, Männer an den Kleidern befestigt. Ein Stück Gefängnistür, dahinter ein Mann, davor Frauen, die weinen – das also gehört dazu.

Die Frau, die dies alles in sich trägt, steht in einer Landschaft aus Bergen, Bäumen und Häusern, von denen eines wohl eine Kirche ist. Ihr Gesicht ist voller Sorge. Ungeachtet dessen – oder gerade deshalb – steht sie da mit all ihrer schützenden Kraft, wie wenn es um die Menschheit als ganze ginge.

Mit ihren nackten Füßen scheint sie aus der Erde herausgewachsen zu sein, eine feste Menschenburg, die Widerstand ankündigt. Sie füllt das Bild mit einer ernsten Bereitschaft.

Das Ende eines Frühlings

Diese Frau rief mich zuerst einmal weg von mir selbst und den Ich-Betrachtungen meines Lebens. Sie führte mich in die Berge Chiles, aus denen sie kommt, in ihre Welt und in die Geschichte, die sie in sich trägt.

Am 11. September 1973 begannen in Chile blutige Zeiten. Pinochet, der General der Streitkräfte, hatte mit blanker Gewalt der demokratisch gewählten sozialistischen Regierung des Salvador Allende den Garaus gemacht. Allende selbst war bei dem aussichtslosen Versuch, den Mondea-Palast, Sitz der Regierung, zu verteidigen, ums Leben gekommen. Schreckliche Berichte über die Zerschlagung der Unidad Popular erreichten die Weltöffentlichkeit in der Folgezeit. Die Unidad Popular war die tragende Kraft dieses erneuten Versuches gewesen, einen »Sozialismus mit menschlichem Gesicht« aufzubauen. Das Stadion von Santiago wurde zum Verlies und füllte sich mit Menschen: Gewerkschafter, Journalisten, Arbeiter, Künstler, engagierte Christen, Frauen und Männer – mit all jenen, die ihre Kraft und Hoffnung auf diesen Versuch gesetzt hatten.

Nach dem Stadion füllten sich bald die Leichenhallen Santiagos mit verstümmelten Menschenleibern. Viele der Verhafteten wurden niemals gefunden. Die Stimmen der Sänger und Sängerinnen dieses Frühlings begannen zu verstummen. Dem Liebling des Volkes, Viktor Jara, der nicht aufhören wollte zu singen, selbst im Stadion von Santiago nicht, verstümmelten sie die Hände, die so leidenschaftlich Gitarre spielen konnten. Dann vernichteten sie auch noch sein Leben. Die Lieder der Violeta Parra, Pablo Nerudas Gedichte, sie verstummten, alle, die diesen Traum von einer gerechteren Welt geträumt hatten.

Dieses neue Kapitel der Menschheitsgeschichte hatte keine Chance, geschrieben zu werden. Langsam sickerte die Wahrheit an den Tag: nämlich die aktive Beteiligung US-amerikanischer Firmen und des amerikanischen Geheimdienstes an dem Putsch. Später sollten wir in Costa Gavras Film »Missing« eine unvergeßliche Dokumentation dieser Ereignisse sehen: die Geschichte eines jungen

Amerikaners, der beim Aufdecken dieser Komplizenschaft ebenfalls in der Militärmaschinerie verschwindet.

Wieder war ein Diktator auf die Bühne der Weltgeschichte getreten unter den Augen, ja unter Mithilfe der »freien Welt«. Wieder war im fruchtbaren Unterholz ein Kahlschlag durchgeführt worden. Chiles Blütentraum einer gerechteren Gesellschaft wurde zertreten, seine Lieder in Blut und Tränen erstickt. Freilich, der Versuch des Salvador Allende hatte es nicht zu üppiger Blüte gebracht. Es gab zu viele schwierige und gefährliche Übergänge von der alten in die neue Gesellschaft. Fehler waren gemacht worden. Die Bevölkerung war strapaziert. Bei einer Kundgebung trug ein Arbeiter ein seltsames Plakat mit sich. Darauf hieß es: »Dies ist eine Scheißregierung, aber es ist meine Regierung.« Präsident Allende soll für diese kritische Solidarität von der Tribüne gestiegen sein und dem Mann die Hand geschüttelt haben[1]. Nach seinem gewaltsamen Tod wurde Allende, wie es ja oft mit denen geschieht, die sich dem Kampf der Armen verschrieben haben, mit religiöser Inbrunst verehrt. Bis zum heutigen Tag ist diese Verehrung in Chile lebendig. Eine alte Frau, gefragt, ob sie eine Anhängerin Allendes gewesen sei, antwortete: »Ich war es nicht, ich bin es!« Sein Tod war für viele ein Märtyrertod, denn er starb für die Sache des armen Volkes.

Die amerikanische Missionarin Lois Kroehler

meditierte darüber in einem sanften, nachdenklichen Lied zur Gitarre:

»Dein Name war Salvador Allende,
Heute aber wissen wir:
Salvador heißt ja ›Retter‹.
Du hast dein Leben für das Volk gelebt
und bist einen tapferen Tod gestorben.
Du warst nicht käuflich
und hast dich nicht mit einem Flugzeug
in Sicherheit gebracht.
Du standest für deine Überzeugungen ein
und hast sie bis zum Schluß nicht verraten. ...
Du hast eine Geschichte begonnen
und ein Beispiel für uns alle gesetzt.
Jetzt ist es an uns,
diese Geschichte zu Ende zu schreiben.«[2]

Bald kamen die ersten Exilsuchenden bei uns in der Bundesrepublik an und erzählten Schreckliches. Mit Gram im Herzen spielten wir die alten Lieder der Unidad Popular und suchten aus den Trümmern dieser Hoffnung zu retten, was zu retten war; suchten den Cantus firmus, der den chilenischen Frühling getragen hatte, festzuhalten, damit er der Menschheit nicht verlorenginge.

Chile geriet danach allmählich aus den Schlagzeilen, als ob es sich nur um ein weiteres Schrecknis der an Schrecken reichen Zeit gehandelt habe – und nicht um den Tod einer Zukunft, die diesen Namen wohl verdient haben würde. Manchmal horchte die Welt auf: als in einer stillgelegten Mine eine große Zahl von Leichen Verschwundener gefunden wurde und die »Vicaria de la Solidaridad« (das Solidaritätsvikariat der katholischen Kirche) diese Entdekkung mit Hilfe ökumenischer Kontakte der Weltöffentlichkeit zur Kenntnis brachte; oder als es darum ging, vom Tod bedrohten politischen Häftlingen bei uns Asyl zu gewähren.

Chile war nicht das einzige Land, in dem die Diktatur des Schreckens die Macht in die Hand nahm. Argentinien und Brasilien führten das blutige ABC an, in das sich viele andere Länder Lateinamerikas einreihten.

An Bruder Hiob:

Du weißt wovon ich rede.
Der erste Schmerz:
erschreckt

der zweite:
verletzt

der dritte:
voll Klage

der vierte:
voll Kampf

der fünfte:
leer-geschöpft

aber der letzte
nach all den anderen:

blutend und schreiend
in die Tiefe zu fallen

ungehalten
in all dem Unglück
schneidet es
mit eisigen Messern
ins Fleisch

Das Ende einer Stummheit

Aber zur gleichen Zeit begann auch eine andere Geschichte in Lateinamerika. Als Blut und Gewalt den Kontinent überschwemmten, standen sie auf, die Mütter Lateinamerikas. Sie begannen ihre Stimme zu erheben, die Frauen, Großmütter, Schwestern, Geliebten, und immer lauter nach ihren Verschwundenen zu fragen.

Erst zaghaft, dann mit immer größerer Entschlossenheit wuchs diese Stimme zu prophetischer Kraft, die vor der aufmerksam werdenden Weltöffentlichkeit das schreiende Unrecht der Diktatoren entlarvte. Sie standen auf den öffentlichen Plätzen, vor Gerichten und Gefängnissen und weinten und schrien nach ihren Verschwundenen. Die das Dunkel suchenden Gewalttaten wurden ans Licht gezerrt.

Von dieser historischen Stunde spricht dieses Bild – und es zeigt damit einen Meilenstein in der Geschichte der weltweiten Frauenbewegung. Denn die Frau auf unserem Bild steht an dieser Grenze vom Schweigen zum Sprechen. Ihr Gesicht und ihre Haltung zeigen noch die Spuren eines den Frauen jahrhundertelang auferlegten Stummseins: Ja, sie scheint noch eher der Welt des Stummseins anzugehören. Dieses lange Zögern der Unsicherheit, das so viele Frauen in sich tragen, bevor sie öffentlich etwas zu sagen wagen, ist in ihr gegenwärtig. Sie spricht nicht, noch schreit sie, aber das Neue, die neue Fähigkeit des Aufstehens, des Aufstandes aus dem Schweigen der Jahrhunderte, trägt sie in sich, in ihrem Körper. Ihr lebensrotes Gewand ist der Ort, wo Protest und Mut sich sammeln. Sie tritt aus ihrer kleinen Welt heraus und pflanzt sich auf; sie bleibt nicht in der Versenkung, in der Geschichte, Religion und Kultur sie hatten verschwinden lassen. Sie beginnt, die Mauer des Schweigens mit einer Parteinahme gegen das Unrecht zu durchbrechen.

In Bertolt Brechts Drama »Mutter Courage« hat die stumme Katrin diese historische Rolle der Frauen eindrucksvoll dargestellt. Katrin, die stumm ist von Kindheit an, klettert, als die feindlichen Soldaten im Schutz der Nacht eine Stadt stürmen wollen, auf das Dach eines Hauses und trommelt die bedrohte Stadt wach, eingedenk all der unschuldigen Kinder, die darin umkommen würden. Sie durchbricht ihre sprachlose Ohnmacht durch mutiges, aber sprachloses Handeln und beschämt zugleich die passive Frömmigkeit der Bauernfamilie, die auf die Knie gefallen ist und für die Stadt betet. Für ihren Mut büßt Katrin mit dem Leben, aber die Stadt ist gewarnt.

Die chilenische Frau nun zeigt das Neue, das Unerhörte, das sich anbahnte in der modernen Frauenbewegung. Die, denen in der Geschichte niemals Gehör geschenkt wurde, denen »mann« Autorität in öffentlichen Angelegenheiten absprach, deren Gedanken und Vorstellungen wenig Beachtung fanden, begannen sich genau dies zu verschaffen: Gehör, Autorität und eigene Gedanken. Sie, die aufgezogen worden waren, um ange*sehen*, nicht aber ange*hört* zu werden, durchbrechen eine historische Schranke, die Schranke des Schweigens. Und es sind nicht nur die sprachnäheren Mittelklassefrauen, die dies tun; nein, gerade auch die Geld-, Erziehungs-, Einflußlosen, die besonders Verstummten, beginnen zu reden.

Im Verlauf dieser Proteste lernten die Frauen, ihrer eigenen Stimme zu vertrauen, ja sie postulierten die »Unfehlbarkeit« ihres Gerechtigkeitssinnes, der sich von den Forderungen nach objektivierbarer Wissenschaftlichkeit nicht mehr einschüchtern läßt. Dieser Gerechtigkeitssinn entlarvt die »objektiven« Autoritäten als das, was sie oft sind: feige Komplizen der Mächtigen.

Aus der kleinen Welt der Hütten, der Wäsche und

der Kinder wuchs eine Standhaftigkeit, eine Entschlossenheit, die sich den Übergriffen auf das Leben in den Weg stellte und mit der von nun an gerechnet werden muß. Es ist Aufstand und Auferstehung in einem, denn die schmerzhaften Spuren, die Wunden, die das Verlassen der Stummheit hinterläßt, sind noch nicht verschwunden; das neue Leben aber ist da und will sich durchsetzen.

In Lateinamerika hatten die Frauen aller Klassen und Altersschichten begonnen, langlebige Protestmärsche zu inszenieren. Sie gaben Interviews, drehten Filme, schrieben Artikel und Bücher, sprachen in Rundfunk und Fernsehen, im In- und Ausland. Selbst die inzwischen berühmte chilenische Schriftstellerin Isabel Allende begann erst Jahre nach dem Putsch, ihre Bücher zu schreiben. Heute sagt sie: »Nichts darf vergessen werden, deshalb schreibe ich meine Romane.« Als ich 1985 Gelegenheit hatte, mit einigen dieser Frauen in Argentinien zu reden – es war schon nach dem Sturz der argentinischen Militärs –, wurde mir klar, daß in diesem Land nichts mehr geschehen kann, ohne daß die Meinung der »Madres« dabei eine Rolle spielt. Sie hatten sich zu moralischer Autorität emporprotestiert. Ihre Ausdauer hatte geholfen, die Tyrannei in die Knie zu zwingen. So nun auch in Chile, wo das NEIN des Volkes im Oktober-Plebiszit 1988 den blutigen General endlich zum Rückzug zwingt.

Die Methode der mutigen Entlarvung des Unrechts haben Frauen in allen Teilen der Welt voneinander gelernt. Partei ergreifend, überwinden sie das Stummsein. Es ist schwer zu sagen, wo es wirklich seinen Anfang nahm. Weil die Frau auf unserem Bild diesen historischen Übergang vom Stummsein zum Sprechen so eindrucksvoll darstellt, erzählt sie unser aller Geschichte. Weil dieses Stück Weg der Frauengeschichte unumkehrbar ist, ist sie eine von uns allen.

Von den Müttern Lateinamerikas ist schon oft erzählt worden, auch ich habe das getan. Aber tut es guten Geschichten einen Abbruch, wenn sie immer wieder erzählt werden? Wir müssen die Unsicherheit, in der wir uns als Frauenbewegung heute befinden, immer wieder mit solchen Geschichten vertreiben. Sie zeigen uns eine Richtung. Und wenn wir dieses Bild betrachten, will es uns die Fähigkeit des Aufstehens, des Widerstehens recht eigentlich zusprechen.

Mitten im
unnachdenklichen Alltag
kommt mir ein Foto
von einer Frau vor Augen,
die vom Tode zurückgekehrt ist

eine jener
Wieder-Zurückgeholten

Ihr Blick dringt
von weit her

in mich ein
mit unermeßlichem Zögern

das wiedergefundene Leben
tritt klar hervor
aber ohne Geschrei

Auferstehung –
verstehe ich jetzt

ist Irritation
nicht Triumph

eine langsam
aus der Nacht
wachsende Kraft
die den Fels sprengt

Pachamama gibt sich zu erkennen

In der Nähe von New York hatten wir uns zu einer ökumenischen Konferenz versammelt. Wir saßen in einem schönen, gepflegten Sommerpark mit alten Bäumen und zahmen Rehen, einer Oase der Nachdenklichkeit. Wir hörten einem indianischen Theologen zu (der tatsächlich in Bethel studiert hat). Er sprach davon, daß er in großer Sorge sei um seine Mutter; sie sterbe nämlich, sie sterbe einen langsamen, schrecklichen Tod, denn sie sei vergiftet worden. Ohne die Mutter aber könne auch er nicht leben, denn sie habe ihm das Leben geschenkt und tue dies jeden Tag aufs neue, ihm und allen anderen Menschen, Tieren und Pflanzen. Erst langsam begriff ich, daß er von der Erde sprach, von Mutter Erde.

In langsamen, Bögen schlagenden Ausführungen erklärte er uns, warum die Indianer ihre Lebensgrundlage, die Erde, religiös verehren. Wären die Beziehungen der westlichen Menschen zu dieser Mutter ehrfürchtig und hätten sie eine religiöse Bedeutung, niemals würden sie sie vergiften, verletzen oder mißachten. Wenn sie in Übereinstimmung mit der Erde lebten und ihre Daseinsgesetze achteten, würden sie auch eher gerecht miteinander umgehen. Das wäre die Voraussetzung für einen tiefen, bleibenden Frieden.

Er erzählte uns Geschichten von dieser Mutter,

die schmerzlich schön waren und uns in unseren eiligen theologischen Rechthabereien innehalten ließen.

Ich hatte auf derselben Konferenz über »Spiritualität« zu sprechen, und als ich dazu das Poster der chilenischen Frau hervorholte, wurde mir und allen anderen klar, daß es ein Bild dieser indianischen Erd-Mutter war. Ich lernte wieder einmal, was ich schon wußte: daß die indianische Bevölkerung der Anden, die Aymara und Quechua, die Erde religiös verehren und sie »Pachamama«, Mutter aller Menschen oder Mutter allen Lebens, nennen. So beten die Indios:

»Mutter Erde, die du uns ernähren mußt,
wir sind deine Kinder, die deiner bedürfen,
und möge deine Frucht [der Mais, A.d.V.],
die uns geschaffen hat,
unsere Kinder und Tiere ernähren.«

Nun blickte also Pachamama von diesem Poster auf uns herab. Sie hatte sich zu erkennen gegeben. Ich verstand, daß sie nicht nur für das Leben der chilenischen Verschwundenen eintrat, sondern für das Leben überhaupt in all seiner Bedrohtheit auf dem Planeten Erde. Hinter den lateinamerikanischen Müttern trat Pachamama hervor, die indianische Schutzmutter, Mutter Erde. Sie ist mehr irdisch als himmlisch, beheimatet sie doch die Menschen auf der Erde, im Irdischen. Ihr wachsamer

Blick gilt der bedrohten Heiligkeit des Irdischen. Sie füllt die Erde mit dieser irdischen Heiligkeit, an der alle Töchter und Söhne teilhaben, die, wie sie, mit dem Irdischen ehrfürchtig umgehen, es schützen und mit Gotteswürde umgeben. Jede Geste, jedes Wort, jede mutige Tat, die das von der Roheit der Menschen bedrohte Leben schützt, hat teil an dieser Heiligkeit. Denn die Dinge, Pflanzen, Tiere und Menschen sind miteinander verbunden, leben nicht nur in einer ökologischen, sondern auch in einer theologischen Verbundenheit. Deshalb ist der Schaden, den wir anderen zufügen, letztlich unser eigener Schaden.

Unter dem weiten Gewand der Pachamama finden alle Zuflucht, es ist ein Asylplatz ohne Bedingungen. Sie hat Platz nicht nur für die spontane Liebe der Mutter zu ihrem Kind, sondern auch für die protestierende Liebe der Jugendlichen, für die »denunzierende« Liebe der Frauen, für die kämpfende Liebe der politischen Häftlinge. Aber im Unterschied zu manch anderer Mutter gewährt Pachamama nicht nur Zuflucht, sie tut ja auch selber mit, nimmt teil und liefert sich den Gefahren aus.

Lange dachten wir mit dem indianischen Theologen über dies alles nach. Einige der Teilnehmerinnen und Teilnehmer hatten noch ganz andere Dinge in diesem Bild entdeckt. Ein lateinamerikanischer Katholik sah darin die »wahre Mutter Kirche« abgebildet. Denn in Chile sei die »Vicaria de la Solidaridad« einer der wenigen Orte, wo Menschen vor den Übergriffen der Militärs Beistand finden. Es sei eine andere, lebendige Menschen-Kirche entstanden, mag auch das Kirchengebäude, wie auf dem Bild, dann eben am Rande stehen.

Zwei feministische Theologinnen, Angehörige der amerikanischen »Women-Church«[3], entdeckten, daß Pachamama die Züge der Schutzmantel-Madonna trägt, der Maria der Volksfrömmigkeit, die über alle kleine und große Not der Menschen ihren schützenden Mantel breitet. Diese beiden Frauen, die mit Chile und seinen Menschen sehr vertraut waren, halfen uns zu verstehen, daß die Indios im Gefolge der katholischen Missionierung den alten Heiligen der eigenen Religion oft nur neue Namen gegeben hatten, so daß Maria und Pachamama letztlich zu einer Person verschmolzen sind und die eine auf die andere abfärbte.

Die Protestanten hatten ihre liebe Not mit solcher Missionstheologie. Außerdem konnten sie auch wenig mit diesem Bild anfangen, worüber die einen traurig, die anderen befriedigt waren. Was sollten wir denn nun von solchen Verschmelzungen halten?

Mir fielen die Marienstatuen ein, all die hilflos zum Himmel blickenden, schmerzensreichen Marien, die ja gerade in Lateinamerika so populär sind. Ich erinnerte mich an eine Diskussion lateinamerikanischer Theologinnen und Theologen, die in der Marienverehrung des »catolicismo popular« eine krankhafte Faszination sahen, mit der das unterdrückte Volk sein eigenes Leiden anstarrt. Die heilige Jungfrau, deren Herz von einem Schwert (des Schmerzes) durchbohrt ist, sei eine masochistische Darstellung der Niederlage, die die Indios seit der spanischen Eroberung erlebt hatten, in deren Gefolge ihre Dezimierung und die erbarmungslose Armut der Gegenwart standen. Wenn neben dem geschlagenen Jesus Maria mit blutendem Herzen steht, »so ist sie die Verkörperung aller Frauen, die in Lateinamerika frühzeitig alt werden und die wieder und wieder ihre Männer und Söhne beweinen, die sie in den vergeblichen Kämpfen für die Freiheit hergeben müssen«[4].

Was bleibt den Frauen anderes als Resignation, eine verstehbare Jenseits-Resignation, die das Hier und Heute bereits als unveränderbar abgeschrieben hat? Fürwahr, statt den Armen, den Frauen, die Frohe Botschaft für ihr Leben zu verkünden, wurde ihnen ein jenseitiger Himmel zum Trost verkauft, sagt der französische Theologe Casalis.

Doch in Lateinamerika gibt es ja auch den siegenden Christus und die strahlende Maria. Viele dieser Darstellungen, so Casalis, tragen die Gesichtszüge eines himmlischen Ferdinand von Aragon und einer ewigen Isabella von Kastilien, der spanischen Herrscher also. »Wer diese Bilder anbetet, ehrt und akzeptiert unmittelbar die Macht ihrer irdischen Vertreter«, die ihnen ihre Gesichtszüge leihen. Jesus wird »zum Propagandaminister der autoritären Regierung« degradiert.

Solcher Kleiderwechsel, solche Vielseitigkeit, ja vieldeutige Verwendbarkeit erschreckten mich. Machen wir uns dann nicht alle einen Gott, einen Jesus, eine Maria, wie es uns gerade paßt? Ob »willige Magd« oder Himmelskönigin, ob Gott Vater oder Mutter oder Göttin, ob gemarterter Knecht oder strahlender Heros: Welche Interessen wollen wir damit legitimieren? Welche Fragen sollen uns denn diese Bilder beantworten? Dieser Herausforderung müssen wir uns stellen.

Die Kritiker der Religion sagten eindeutig: »Die Aufhebung der Religion als des illusorischen Glükkes des Volkes ist die Forderung seines wirklichen Glückes« (Marx). Sollten wir uns diese Religionskritik in unserer wieder so religionssüchtigen Zeit nicht doch erst gründlich zu Herzen nehmen, bevor wir uns an die Rekonstruktionen machen?

So schön es ist, die Erd-Mutter Pachamama und die Himmelskönigin Maria in einen Austausch miteinander treten zu sehen, so bleibt doch die Frage: Welcher Art ist das Leben, das sie verheißen, zu dem sie befähigen? Wo ist der Boden der Wirklichkeit, auf dem sie sich bewähren? Wie wird die *neue* Praxis der *neuen* Frauen aussehen?

An unseren Früchten werden wir uns erkennen. Wird sich die Diskussion über religiöse Symbole darin erschöpfen, im Vergangenen zu graben, alte Wunden zu lecken? Wenn es doch gelänge, unseren Weg als Frauenbewegung viel mehr vom Ziel her als von der erlittenen Vergangenheit bestimmen zu lassen; nicht nur unsere Unterdrückung, sondern unsere unzerstörbare, gottgegebene Humanität zum Ausgangspunkt dessen zu machen, was wir für die Zukunft vorschlagen, gerade weil wir etwas Besseres wollen.

Wenn wir beten
beginnt sich
eine heilige Kuppel
behutsam
über unsere rohe Welt zu wölben

damit in ihrem Schutz
die Menschen und ihre Erde
mit Würde und Wahrheit
bekleidet werden

und Zufälle
nicht mehr blind sind

dies allein bindet uns
Jenseits-von-Eden-Geborene
noch einmal
an das verlorene
Ganze

Angesichts dieser Fragen regte sich mein theologisches Ich. Ich wollte für Pachamama und die Schutzmantel-Madonna eine Begegnung mit der »anderen«, der biblischen Maria arrangieren. Das Bibellesen ist für mich nach dem religionsgeschichtlichen Honig wie kräftiges Brot (aber es möchte doch bitte von Frauen gebacken sein). Wie würde diese »andere« Maria, die mir protestantisch näherstehende biblische Maria, sich neben der Schutzmantel-Madonna und Pachamama ausnehmen?

Die andere Maria

Es gibt eine Sukzession biblischer Frauen

Wenn wir der »anderen« Maria begegnen wollen, müssen wir die lange Schleppe aus Tradition, Folklore, patriarchaler Exegese und Legende und was sonst sie hinter sich herzieht, einmal abschneiden.

Zwar hat sich die »andere« Maria immer wieder gezeigt in der Geschichte ihrer Verehrung, aber ihre eigentliche Heimat ist das Lukasevangelium. Die Geschichte des Mädchens Maria kann auf viele Arten erzählt werden. Ich will dort beginnen, wo sie ihren wirklichen Ausgang nimmt: in der so oft vergessenen und unterdrückten Frauentradition der Bibel.

Maria ist nicht allein in diesem ersten Kapitel des Lukasevangeliums. Es sind da zwei Frauen: Maria und Elisabeth. Am Anfang steht eine Frauenfreundschaft, steht die Solidarität zweier Frauen, die einander helfen, ihre »Last« zu tragen. Die Last:

Das sind zwei ungewöhnliche Schwangerschaften, die der Elisabeth, die schon alt ist, und die der Maria, die jung und unverheiratet ist. Damit müssen die beiden fertig werden. Die beiden Frauen gehören einem größeren Netz von Frauen an, in das die Geschichte Jahwes mit der Menschheit geknüpft ist. Diese Geschichte beginnt mit einer Befreiung, der Befreiung aus Ägypten[5]. Daran erinnerten sich die Israeliten in ihrem Glaubensbekenntnis (5. Mose 26,5ff.). Am Anfang war die Befreiung, und die Befreiung kam von Gott durch die Hände von Menschen. Gerade diese erste Befreiungsgeschichte beginnt mit zwei wagemutigen Frauen. Siphra und Pua, die israelischen Hebammen, übertraten Pharaos Gebot, die Hebräerknaben bei der Geburt umzubringen, und retteten durch eine Art zivilen Ungehorsams das Leben der Kinder. Der Befehl des Tyrannen rief ihren Widerstand hervor, war es doch ihre Berufung, Leben auf die Welt zu helfen und nicht umgekehrt. Sie ehr»fürchteten« Gott, Schützerin des Lebens, mehr als Pharao.

Durch die Hand von Pharaos Tochter wird das Kind Mose aus dem Schilf gerettet. Auch hier folgt eine Frau ihrer inneren Stimme und weigert sich, der Macht und der Despotie ein Kinderleben zu opfern.

Mit der Prophetin Mirjam setzt sich die Sukzession selbständig handelnder Frauen fort. Sie, die mit Aaron und Mose das Volk in die Freiheit führte, singt das älteste Befreiungslied der Bibel:

»Singt Jahwe, denn er ist hoch erhaben,
Roß und Reiter[6] warf er ins Meer.«

An den zentralen Aufbruchsstellen der Bibel finden wir also Frauen: Siphra, Pua, Mirjam beim Aufbruch aus Ägypten, Maria und Elisabeth am Beginn des Neuen Testaments, Maria Magdalena und andere Frauen später am Kreuz und am leeren grab, eine Sukzession, eine Nachfolge eigener Art.

Um dieser Frauentradition auf die Spur zu kommen, ist es nützlich, sich bei der Spurensuche den sprachlichen Details zuzuwenden (die noch fast ausschließlich von der Männerexegese verwaltet werden). Dann brauchen wir nämlich auch nicht so viel zu raten und zu erfinden.

Mirjam und Maria(m), diese Namen stammen, so heißt es, aus einer gemeinsamen hebräischen Wurzel: »marah«. Das Wort »marah« bedeutet so viel wie »widerspenstig sein, provozieren, sich widersetzen, aufbegehren«. Mirjam-Maria könne daneben auch so viel bedeuten wie »füllig sein«, was in der damaligen Zeit gleichbedeutend war mit »schön sein«.

2000 Jahre lang haben sich die männlichen Exegeten für die »schöne« Maria entschieden; sanft, mild und tränenreich wurde sie dargestellt. Was aber ist aus der aufbegehrenden Maria geworden, die sagt: Gott stürzt die Gewaltigen vom Thron und läßt die Reichen leer?

Als die polnischen Arbeiter bei ihrem Streik 1980

an die Lenin-Werft schrieben: »Die Madonna streikt«, wußten sie vielleicht noch – oder wieder? – etwas von der »anderen« Maria.

Die Bibel auszulegen ist eine folgenreiche Herausforderung. Denn wenn alle sprachlichen Möglichkeiten erkundet sind, entscheide ich mich dann zugunsten der »fülligen« oder der »rebellierenden« Maria? Was für eine Frau ist sie eigentlich gewesen? Was wurde aus ihr gemacht? Was mache ich aus ihr?

Die Berufung der Maria

Im Lukasevangelium beginnt Marias Geschichte mit dem Gruß eines Engels. Sie ist also eine Frau, die Engel hört. »Gnade sei mit dir«, sagt dieser Engel. Gnade ist kein Wort, das wir in unserer Alltagssprache häufig benutzen. Woher sollen wir dann also wissen, daß es »Anmut und Schönheit, freies unerzwingbares, geschenktes Offensein« bedeutet? Maria öffnet sich für etwas Großartiges, und Gott ist offen für Maria.

In dieser göttlichen Zuwendung sind zwei Versprechen enthalten: daß Gott dieser Frau Kraft geben wird, Kraft mit ihr teilt, und daß Gott, wie der Name IAHWE besagt, »da ist, dasein wird«, ein Kraftversprechen und eine Verläßlichkeitszusage: »Ich stehe dir mit allem, was ich bin und habe, mit all meiner Kraft zur Seite« und »du kannst immer auf mich zählen«. Mit solchen Versprechen im Rükken, wer könnte da nicht stark werden? So geschieht es mit Maria.

Zunächst aber ist sie verwirrt. Sie, die Unverheiratete, wird schwanger. Der Engel hilft ihr, die Bedeutung dieser Schwangerschaft zu verstehen, so daß sie dieses schmachvolle Ereignis in einem anderen Licht sehen kann, nämlich als Meilenstein in der Geschichte der Menschheit: der Beginn der Menschwerdung, Vermenschlichung Gottes. Aus diesem Verstehen heraus antwortet sie: »Siehe, ich bin Gottes Magd. Es geschehe mir nach Gottes Willen.«

Von Stund' an haben sich die Interpreten in Wort, Bild und Musik auf diesen Satz gestürzt und bis zum heutigen Tag nicht aufgehört, ihn als totalen, willig-passiven Gehorsam zu preisen. Ist Maria ein williges Instrument eines vorgefertigten männlich-göttlichen Planes, ein »Opfer« der Gnade? Wie vielen Frauen wurde und wird unter Berufung auf dieses Vorbild völliger Gehorsam den Männern gegenüber verordnet? Wie viele Frauen haben ihre Einwilligung in was auch immer für Beziehungen und sexuelle Verhältnisse gegeben mit den Worten: »Mir geschehe, wie du, Mann, willst«, und so ihre Unterwürfigkeit vor sich selbst religiös verbrämt?

Nein, eine solche Maria hätte nicht das Recht, mit Siphra, Pua und Mirjam in einem Atemzug genannt zu werden. Ihre Antwort bedeutet denn auch etwas völlig anderes als das, wozu sie mißbraucht wurde. Es ist die Antwort, die auf eine prophetische

Berufung folgt, so wie Jesaja in der Stunde seiner Berufung auf die Frage Gottes: »Wen soll ich senden?« antwortet: »Hier bin ich, sende mich.« Maria trägt die Zeichen der prophetischen Berufung[7]. Gott spricht zu ihr durch einen Engel. Sie ist überrascht, verwirrt, angstvoll wie alle wahren Prophetinnen und Propheten, aber sie nimmt die schwierige Aufgabe an, eine Mitarbeiterin, ja eine »Agentin« des Reiches Gottes zu werden. »Ich bin dazu bereit«, bedeutet ihre Antwort.

Hier liegt etwas anderes vor als das Akzeptieren eines fremdbestimmten Schicksals. Martin Buber hat uns gelehrt, daß der biblische Gott dem Menschen immer die Freiheit der Wahl läßt, wie dringend der Anruf auch ist[8]. Gott ruft nur Menschen, die dem Vorschlag zutiefst innerlich zustimmen, wie sehr sie auch über die Schwere der Aufgabe klagen mögen. Göttlicher Anruf und menschliche Antwort verhalten sich nicht wie Befehlserteilung und blinder Gehorsam. Es verhält sich eher so: Ein Vorschlag wird gemacht, dem der Mensch zustimmt, weil dieser Vorschlag gut ist und der innersten Stimme entspricht. So kann Gottes Stimme eben nicht nur von außen, sondern auch von innen gehört werden. Denn Gottes Gesetz ist uns ins Herz geschrieben, sagt Jeremia, der Prophet. Maria ist deshalb nicht »Opfer« eines fremden Willens. Sie geht durch eine Berufungskrise wie viele Prophetinnen und Propheten, und in dieser Krisenzeit sucht sie die Hilfe einer Freundin. Elisabeth bestärkt sie.

Elisabeth ist der erste Mensch, die erste Frau im Neuen Testament, die in der Macht des Heiligen Geistes spricht und durch diese prophetische Gabe die Zeichen der Zeit in Marias Schwangerschaft erkennt. Ihre Freude und ihr lautes Rufen sind alttestamentliche Anzeichen messianischer Erwartung und Erregtheit. Maria steht also in der prophetischen Tradition der Bibel, woran nach dem Inhalt des Liedes, das sie nach Angst und Zagen singt, wohl auch kein Zweifel mehr bestehen kann. Wir nennen dies Lied das »Magnifikat«, weil die lateinische Übersetzung mit diesem Wort beginnt. Maria greift auf das Lied einer anderen Frau zurück (ach, daß wir das als Frauen doch auch öfter täten), auf das Lied der Hanna im Alten Testament. Doch Maria macht diesen Text zu ihrem eigenen, wählt aus, was sich in ihrem Leben als wahr erwiesen hat. Maria spricht von der verläßlichen Stärke, die sie erfahren hat.

Von der Umwertung der Werte (Magnifikat-Text)

Meine Seele erhebt Gott,
und mein Geist freut sich Gottes,
meines Heilandes.
Denn Gott hat die Niedrigkeit der Magd gesehen.
Siehe, von nun an werden mich selig preisen alle Geschlechter,

denn Großes hat Gottes Macht an mir getan,
heilig ist Gottes Name.
Gottes Barmherzigkeit währet von Geschlecht zu Geschlecht bei denen, die Gott achten[9].

Maria schlägt in ihrem Danklied sogleich eines der großen Themen des Reiches Gottes an, und sie spricht dabei von *ihren Erfahrungen,* nicht von allgemeinen Wahrheiten. Sie ist also eine Erfahrungstheologin. Gott segnet, teilt Stärke mit, macht aus einer kleinen, erniedrigten, ängstlichen Frau eine starke, bedeutende, mutige Frau, gibt ihr Kraft, die äußerlich gesehen jämmerliche Situation in etwas Starkes zu verwandeln. Sie erlebt am eigenen Leib die Umkehrung der Werte des Gottesreiches – »das Schwache wird erhöht« –, anders als im Wertsystem der »Welt«, wo das Recht des Stärkeren und des ökonomischen Fortschritts ungeachtet aller menschlichen Kosten durchgesetzt wird. (An dem Tag, an dem ich dies schrieb, schlug ein deutscher Politiker vor, den Kündigungsschutz für Behinderte und das Nachtarbeitsverbot für Frauen aufzuheben.) Maria wird stark gemacht, bedeutend, ihr Name ist neben Pontius Pilatus der einzige, der im Glaubensbekenntnis genannt wird.

Ihre prophetische Kraft aber beweist Maria darin, daß sie diese erlebte Umkehrung der Werte im Gottesreich nun für die Welt als ganze ansagt. Sie ist eine Prophetin, die nicht so schnell ihresgleichen hat.

Gott tut machtvolle Dinge mit göttlichem Arm.
Gott zerstreut, die hochmütig sind in
ihrem Herzen.
Gott stößt die Gewaltigen vom Thron
und erhebt die Niedrigen.
Die Hungrigen füllt Gott mit Gütern
und läßt die Reichen leer ausgehen.

So soll es sein. So wird es sein. Das Gottesreich wird die sozialen Gefüge des Unrechts umkehren, Barmherzigkeit drückt sich in barmherzigen Lebensordnungen aus. Die Hungrigen und Armen werden in einem fortwährenden Auszug (Exodus) von ihrem harten Lebenslos befreit. Die Zeitform, die im griechischen Text steht[10], besagt dies: Etwas, was in der Vergangenheit geschehen ist, wird zur jederzeit gültigen Aussage. Gott hat eine andere Wertung des Menschen vorgenommen, und dies bleibt von nun an gültig. Durch die prophetische Arbeit solch »williger Mägde« wie Maria und heutiger »Mägde« und »Knechte« wird diese Arbeit fortgesetzt: Gottes Gegenwart in der Geschichte wird in der Arbeit der Gotteskinder sichtbar.

Die große Provokation aber kommt erst jetzt: Um gotteswürdige Beziehungen unter den Menschen zu schaffen, muß die von den Menschen aus dem Lot gebrachte Waage der göttlichen Gerechtigkeit wieder eingelotet werden. Die Mächtigen müssen herabsteigen, ja sie werden gestoßen, wenn sie nicht aus eigener Einsicht gehen. Das ist nicht eine rachsüchtige Ansage der Zukurzgekommenen oder ein Strafgericht Gottes; Maria sieht vielmehr die dem Gottesreich innewohnende Dynamik: Um einen Ausgleich zu schaffen, müssen die, die Gottes gerechten Ordnungen im Wege stehen, abtreten. Das ist kein Naturschauspiel, sondern Gott wirkt durch menschliche, geschichtliche Arbeit. Die Armen aber werden nicht die leergewordenen Throne der Macht besteigen, um das alte Spiel in neuer Besetzung weiterzuspielen. Niemand wird auf Thronen sitzen, es sei denn, die schöne Gerechtigkeit Gottes.

Auf die Reichen aber wartet die Freude eines Zachäus, des Steuereinnehmers, der freiwillig unrechtes Gut zurückgibt, nachdem er in der Begegnung mit Jesus sein mitfühlendes Herz, das er um seiner Geschäfte willen zum Schweigen gebracht hatte, wieder spürt. Zachäus will dem Gottesreich nicht mehr im Wege stehen und bekehrt sich, indem er das unrecht Erworbene zurückgibt. »Heute ist diesem Hause Heil, Rettung, Befreiung widerfahren«, sagt Jesus. Die Kraft zu solchen Bekehrungen können sowohl die »schwachen« Marias wie die reichen Zachäusse dieser Welt erfahren, die wir ja beide in uns tragen können, Frauen wie Männer.

Gott erinnert sich der Barmherzigkeit und
hilft dem Diener Israel auf,
wie Gott geredet hat zu unseren Vorfahren
Abraham [und Sarah] und ihren Kindern
in Ewigkeit.

Selbst im Schlußsatz wird die Umkehrung der Verhältnisse noch einmal deutlich: Nicht der Knecht dient dem Herrn, sondern der Herr nimmt sich des Knechtes an. Erinnerung an den Bund Gottes mit den Menschen wird wachgerufen: gottes- und menschenwürdige Beziehungen ohne Lügen, Stehlen, Morden, Ausbeuten, in Ehrfurcht voreinander und vor Gott.

So erhebt sich Maria zu prophetischer Größe ohnegleichen, sie benennt furchtlos und eindeutig die Umwälzungen des Gottesreiches in dieser Welt. Da beißt keine Zwei-Reiche-Lehre einen Faden ab. Solche Sätze kommen uns in ihrer Radikalität nur schwer von den Lippen. Maria hat eine kühne Vision, und ihre Stimme spricht zu dem in ihr wachsenden Kind. Oder spricht dieses Kind bereits aus ihr? Maria hat sich mit ihrem Kind auf den prophetisch-messianischen Weg gemacht.

Gottes-Loyalität gegen patriarchalen Gehorsam

Aber wir würden diesem Text nicht gerecht, wenn wir ihn nicht gerade auch durch das Brennglas der Frauengeschichte betrachten würden. Marias prophetische Botschaft gilt auch den Machtstrukturen zwischen Frauen und Männern, innerhalb derer die meisten Frauen noch immer zu den Machtlosen oder Armen gehören. Wir benennen dies heute unter dem Stichwort »Feminisierung der Armut«. Wie sehr die patriarchalische Gesellschaft der antiken

Welt den Frauen einen untergeordneten Platz in der Gesellschaft zugewiesen hat, wissen wir allmählich genauer.

Das für Maria verwendete Wort »Niedrigkeit« weist im Griechischen auf eine sozial niedrige Stellung und schlechte Verhältnisse hin, ein Hinweis auf ihre Zugehörigkeit zur unteren Klasse. Da die Bibel aber nicht an »naturhafte« Ordnungen der Niedrigkeit glaubt, sondern sie immer als *von Menschen* in Abwendung von Gottes Gerechtigkeitsgeboten *gemacht* ansieht, hat dieses Wort auch die Bedeutung von »Erniedrigung«. Menschen sind niedrig, weil sie erniedrigt wurden. Maria nun ist nicht nur in eine sozial niedrige Klasse erniedrigt, sondern obendrein als Frau in einer patriarchalen Kultur. Zu gefällig wurde die »Niedrigkeit« der Maria als eine freiwillige Demutshaltung interpretiert. In einer Welt, in der religiöse Vermittlung nur durch Männer, Priester, geschah, war es etwas Unerhörtes, daß ein unwissendes und unerfahrenes Mädchen eine unmittelbare Gotteserfahrung haben sollte. Sie wagte es, göttliche Einsichten – und was für welche – mitzuteilen und darauf zu bestehen. Dabei hat sie nichts anderes vorzuweisen als ein Versprechen, eine Vision, ein Wort von einem Engel. Maria, deren Wort nicht zählte im damaligen öffentlichen Leben, probt die Umkehrung der sexistischen Machtverhältnisse. Sie widerspricht den Erniedrigungen, die ihre Zeit kennzeichnen. Wäre sie den patriarchalischen Werten ihrer Zeit gehorsam gewesen, dann wäre sie stumm geblieben und niemals zu Gottes Mitarbeiterin herangewachsen. Doch so stellt ihr Reden gerade auch die männliche Machtstruktur der Religion in Frage. Maria lebt bereits aus einer neuen Werteordnung heraus, in der sie als Frau etwas gilt und eigene Entscheidungen trifft. Ihre Erniedrigung ist aufgehoben.

Die Schönheit der Maria, ihre Stimmigkeit, liegt eben gerade nicht in demütiger Unterwerfung, sondern in der inneren Harmonie, die sie mit dem göttlichen Willen verbindet. Sie gehorcht nicht einem fremden Willen, sondern handelt aus innerster Einsicht, daß dieser »Plan« einen Menschheitsretter, den Messias, zu schicken, einer Liebe mit sehenden Augen entspringt und deshalb von Gott sein muß. Diese Art von sehendem »Gehorsam«, der ja nun eine ganz andere Qualität angenommen hat und deshalb auch einer anderen Bezeichnung bedarf, läßt Maria – und uns mit ihr – den patriarchalen Ordnungen ungehorsam werden, läßt Maria – und uns – heraustreten aus dem »So-ist-es-eben« und einer hungrigen, vergifteten, rassistischen, waffenstrotzenden, frauenfeindlichen Welt, einer Welt voller Erniedrigung, radikale Sätze entgegensetzen, Sätze vom Leben, vom wiederherzustellenden Leben. Frau, mensch möchte Gott, der/die so handelt, wie Maria es besingt, mit größerer Loyalität verbunden sein als den patriarchalen Werten, denen sich längst auch viele Männer verweigern. »Füllig sein«, »schön sein« und »aufbegehren« sind deshalb keine Gegensätze. Marias Widerspruchskraft gegen die falschen Ordnungen der Welt, in der sie lebt, entspringt gerade ihrer Übereinstimmung mit dem göttlichen Willen.

Eine neue Maria steht vor uns, eine Maria, die schön ist, weil sie es wagt, für das bessere Leben, das Gott will, ihre Stimme zu erheben. Sie ist wiedergeboren, eine neue Frau, die durch eine radikale Bekehrung gegangen ist, nämlich von der Unterwürfigkeit zur aktiven Zustimmung und zu selbständigem Handeln, vom Stummsein zum Sprechen. Diese neue Identität hat sie für sich und für uns alle errungen, und dies werden wir uns (hoffentlich!) nicht wieder abmarkten lassen.

Fred Kaan, ein Dichter moderner Kirchenlieder, hat einen Liedtext geschrieben über das Magnifikat. Doreen Potter hat zu dem englischen Text die Musik komponiert. Er hat den Titel »Magnificat now – Magnifikat jetzt«[11]. Ich habe versucht, ihn zu übersetzen.

Singen wir ein Lied vom Aufstand,
Gottes Name soll darin groß erscheinen.
Singen wir das Lied der Maria:
Gottes Umsturz der menschlichen Bosheit.

Singen wir von Gottes tiefer Sorge,
von der Bereitschaft, unsere Last zu tragen.
Die Stolzen werden zerstreut,
die Mächtigen von ihren Thronen gestoßen.

Die Armen werden aus dem Elend gehoben.
Brot und Trank wird allen gegeben,
die auf der Welt hungern.
Die Reichen müssen leer ausgehen.

Gott ruft uns, damit wir gemeinsam
göttlich-menschlich-aufständisch werden
für das, was gerecht und richtig ist.
Laßt uns das Magnifikat singen und leben
in überfüllten Straßen und Büros, heute.

Meine Liebe für das Mädchen Maria, für diese ungleichzeitige Schwester-Mutter, würde dem »Ave Maria« der Tradition gerne ein »Viva Maria« hinzugesellen. Wichtiger aber noch ist dieses: »Magnificat now – Magnifikat hier und heute, jetzt!«

Magnifikat – jetzt!

Als ich diese Bibelauslegung vor über 300 Frauen der methodistischen Kirche Englands vorgetragen hatte, herrschte großes Schweigen. Pachamama blickte vom Poster auf uns herab. Ich traute mich nicht, aufzublicken und in die Gesichter dieser Kirchenfrauen zu schauen, aus Erschöpfung und aus Beklommenheit, wie sie wohl damit umgehen würden. Aber sie reagierten gut methodistisch: Sie begannen zu singen. Sie sangen das Magnifikat, vielstimmig und kräftig, und ich sah, wie sie das Bild der Pachamama, das ich allen gegeben hatte, behutsam zusammenrollten oder in ihre Bibeln legten und sich erst einmal die Füße vertraten. Bald war vom Getöse ihrer lebhaften Unterhaltungen der Raum gefüllt. Viele, gerade ältere Frauen kamen und schüttelten mir die Hand. »Endlich hat es einmal jemand gesagt«, meinte eine. Pachamama war wieder zu einer konkreten Frau, einer konkreten Möglichkeit geworden. Sie hatte eine neue-alte Stimme angenommen, die des Mädchens Maria. Mit dieser Stimme hatte sie einen Aufruf ergehen lassen, aus dem »So-ist-es« herauszutreten und in das glaubensvolle »So-wird-es-sein« einzutreten. Während die englischen Frauen in ordentlichen Reihen ihren Teetassen zustrebten, sah ich plötzlich ein Bild vor mir: Pachamama stieg aus ihrem Rahmen und rief die Frauen auf, sich zu einem Zug zu formieren. Sie selbst setzte sich an die Spitze des Zuges. Das mütterliche *Urbild* verwandelte sich in ein lebendiges *Vorbild* und zog als Maria dem Zug voran, ein Banner tragend, auf dem stand: »Magnificat now.« Und nun beginnen die Frauen, ihre Teetassen stehen zu lassen. Sie laufen mit Stricknadeln und Gesangbüchern unterm Arm in ihre Dörfer und Städte, in Kirchen und Gemeinden und rufen: »Magnificat now.« Sie spüren diese Kraft der Maria, haben entschieden, sich auf das Versprechen, das ihnen diese Frau aus der Geschichte zuruft, einzulassen, ein Versprechen, dem sie sich als Christinnen längst verschrieben hatten. Plötzlich aber stand es wieder neu und anziehend vor uns allen – nein, es zog vor uns her... Ich sah die Frauen heraustreten aus kleingehäkelten Lebensarrangements und die zähe Arbeit des »Magnificat now« beginnen. Ich sah sie mit Phantasie und Ungehorsam in unserer reichen, ordentlichen Überflußwelt eine *Kultur der Gerechtigkeit* aufbauen. Sie lernen, die Sentimentalität und Naivität frommer Sprüche durch die Tiefe und wahre Bedeutung biblischer Sätze zu ersetzen. Sie lernen, weltschmerzlerisches Jammern von wahrem Leiden zu unterscheiden. Sie lernen, daß frau das Gerechte tun muß, damit es in der Welt sei. Daß barmherzige Samariterinnen nicht an der Geste des Sich-Herablassens zu erkennen sind, sondern an der Geste des Aufrichtens zu geschwisterlicher Gleichheit. Ich sah und sehe sie die notwendigen »Subversionen« des Magnifikat anpacken, furchtlos, entschlossen, geduldig, ohne sich von einer Theologie in den Rücken fallen zu lassen, die sagt: »Mit unsrer Macht ist nichts getan.« Sie wissen es besser. Gott hat ihre Niedrigkeit angesehen, hat ihnen Kraft gegeben und sie zu aktiven Werkzeugen des Gottesreiches gemacht.

Eine der Teetrinkerinnen kam zu mir, um mir zu sagen, sie stimme in vielem nicht – vielleicht noch nicht, sagte sie freundlich – mit mir überein. Sie habe auf dem Poster aber entdeckt, daß die, die keine Schuhe tragen, schöne Füße hätten. Das wolle sie mich wissen lassen. Ich lächelte dankbar.

Während ich um die Rosenrabatten im Garten herumging, um mich zu entspannen, wandte sich Pachamama noch einmal mit leiser Stimme an mich. Ob ich mir darüber klar sei, daß diese bannertragenden Frauen stark und mutig seien, weil sie miteinander und mit der Kraft Gottes verbunden seien. Dieses menschlich-göttliche Dreiecksverhältnis sei äußerst wichtig: die einzelne, die Gemeinschaft und Gott. Dazu gehöre neben dem Mädchen Maria eben auch sie, Pachamama aus Chile, jede in ihrer Eigenheit. Sie sage dies nur für den Fall, daß ich jemals wieder in Versuchung käme, eine so deutsche Versuchung, mich auf meine Ich-Betrachtungen zu beschränken und darüber diese Verbundenheit, diese Gemeinsamkeit, die unsere Religion ausmache, zu vergessen. Eine Warnung, die ich einfach so weitergebe.

Aus einer anderen Welt

Als alles besprochen war
wollte sie beten

sie machte für Gott
ein schönes Resümee
unserer bescheidenen Pläne
mit den Down Town Frauen
zu lernen

sie bedachte die kommenden
Schwierigkeiten
und Fehler

und sagte zwischendurch
viel Schönes
auch für mich

ein feines Netz aus Gebetsfäden
begann sich
zwischen uns
auszuspannen

fest genug
die uns beflügelnde
Hoffnung
darin zu halten

Brücken zum
Menschen –
Bücher vom
Kreuz Verlag

Im Wind der Veränderung

Frauenliteratur im Kreuz Verlag

Kreuz
Verlag

Bestellcoupon

zur Lieferung durch die Buchhandlung:

___ Ex.	KR 0849-7	Barz, u.a., Hättest du gedacht?	DM 24,80
___ Ex.	KR 0888-8	Bührig, Spät habe ich gelernt	DM 32,--
___ Ex.	KR 0977-9	Caloy, Die Braut	DM 39,80
___ Ex.	KS 00064-9	Cohen, Der ganz normale Neid	Fr. 22,--*/DM 24,80
___ Ex.	KS 00072-7	Freedman, Die Opfer d. Venus	Fr. 26,--*/DM 29,80
___ Ex.	KR 0915-9	Friebe-Baron, Ferne Schwestern, ihr seid mir nah	DM 16,80
___ Ex.	KR 0950-7	Hülsemann, Ihm zuliebe?	DM 24,80
___ Ex.	KR 0914-0	Kassel, Feministische Theologie	DM 29,80
___ Ex.	KR 0964-7	Kruse, Mädchen wach auf!	DM 19,80
___ Ex.	KS 00040-1	Lerner, Wohin mit meiner Wut	Fr. 18,50*/DM 24,80
___ Ex.	KS 00048-7	Mankowitz, Fruchtbar	Fr. 17,50*/DM 19,80
___ Ex.	KR 0946-9	Mulack, Im Anfang war die Weisheit	DM 16,80
___ Ex.	KR 0931-0	Ruether, Unsere Wunden heilen	DM 29,80
___ Ex.	KR 0949-3	Schmidt u.a., Feministisch gelesen II	DM 29,80
___ Ex.	KR 0967-1	Schmidt-Biesalski, Befreit zu Rede	DM 21,80
___ Ex.	KR 0932-9	Thiele, Mein Herz schmilzt	DM 28,--
___ Ex.	KS 00074-6	Ulmer-Otto, Die leere Wiege	Fr. 19,80*/DM 22,--
___ Ex.	KR 0815-2	v. Wartenberg-Potter, Harfen	DM 14,80
___ Ex.	KR 0978-7	v. Wartenberg-Potter, Pachamama	DM 19,80

Preisänderungen und Irrtum vorbehalten
*für die Schweiz festgesetzter Fr.-Ladenpreis
KR = ISBN 3-7831-
KS = ISBN 3-268-

Name ______________________________

Straße ______________________________

Ort ______________________________

Datum Unterschrift ______________________________

Kreuz Verlag · Postfach 80 06 69 · D-7000 Stuttgart 80
Tel. (07 11) 7 88 03-0
Kreuz Verlag AG · Postfach 245 · CH-8034 Zürich
Tel. (01) 55 55 53

Brücken zum Menschen – Bücher vom Kreuz Verlag

Ange…
Befreit zu Re…
Frauen umschreiben ihr G…
160 Seiten, kartoniert DM 21,80

Frauen haben in den letzten Jahren das patriarchale Gottesbild kritisiert. In diesem Band geben fünfzehn Feministinnen Auskunft darüber, welches Bild vom Göttlichen für sie heute sinnstiftend und lebensfördernd ist.

Johannes Thiele (Hrsg.)
Mein Herz schmilzt wie Eis am Feuer
Die religiöse Frauenbewegung des Mittelalters in Porträts
Reihe »Wege der Mystik«
280 Seiten, kartoniert DM 28,-

19 Porträts mittelalterlicher Mystikerinnen enthält dieses Buch, das ein farbiges und lebendiges Bild der Blütezeit alteuropäischer Mystik zeichnet und Spuren weiblicher Spiritualität sowie alternativer Lebensformen nachgeht.

Sabine Ulmer-Otto
Die leere Wiege
Unfruchtbarkeit und ihre seelische Verarbeitung
200 Seiten, kartoniert
Fr. 19,80/DM 22,-

12% aller Ehen bleiben ungewollt kinderlos. Nur in wenigen Fällen kann die Medizin helfen. Wie die medizinische Behandlung erlebt wird, der ständige Wechsel zwischen Hoffnung und Enttäuschung sich auf Körper, Seele und Beziehung aus-

erschi…

Bärbel von Wartenberg-Potter
Wir werden unsere Harfen nicht an die Weiden hängen
Engagement und Spiritualität
160 Seiten, kartoniert DM 14,80

Dieses Buch enthält den geistigen und menschlichen Ertrag einer deutschen Theologin aus der Begegnung mit Christen aus der Dritten Welt und aus dem Kampf gegen das Unrecht in der Welt und gegen verhärtete patriarchale Strukturen in der Kirche. Autobiographie und feministisch-theologisches Sachbuch zugleich, voll scharfer Polemik, aber auch zärtlicher Wärme.

Bärbel von Wartenberg-Potter
Die Reise der Pachamama
Eine theologische Erzählung
80 Seiten, gebunden DM 19,80

Angeregt durch ein Bild von der indianischen Erd- und Muttergöttin Pachamama, das für das Chile-Komitee für Menschenrechte gemalt wurde, stellt sich die Autorin der Frage, wie Frauen heute für Gerechtigkeit eintreten können und wie sich dabei ihr Bild von sich selbst, von Maria und auch ihr Gottesbild wandelt.

Kreuz Verlag

Welten, die wir in uns tragen

Natürlich hat mich Pachamama, die Weitblickende, dann irgendwann auch zurück in meine Kindheit geführt, in die Zeit, in der all das, was von wirklicher Bedeutung ist, seinen Anfang nimmt. Wo Traum und Wirklichkeit noch nicht durch jene Ernüchterung getrennt sind, die uns angeblich zu Erwachsenen macht. Als Kind hatte ich mir die Welt in einem wunderbaren Gefüge vorgestellt. Inwendig in meinem Körper, so dachte ich, sei alles ganz hohl. In diesem Hohlraum befinde sich nun eine ganze Welt mit Menschen, Häusern, Bäumen, Seen, Tieren, Himmel, genauso wie ich es um mich herum sah. Aber die Leute in meinem Inneren wußten nicht, daß sie nur im Raum meines Körpers lebten. Ich selbst wiederum und meine Schwestern, Eltern, das Dorf und die Wälder, wir alle waren im Hohlraum einer anderen, riesigen Person, und diese wiederum wohnte in einem nächstgrößeren Körper. Es war so wie bei den russischen »Puppen in der Puppe«. Eine endlose Kette von Welten war so ineinandergeschachtelt. Ich ganz allein schien dieses Geheimnis zu wissen, denn niemand hatte es mir erzählt, niemand sprach darüber. Soviel aber verstand ich: Was immer auch geschah in der Welt, in der ich lebte, ich war ganz sicher, daß nichts jemals verlorengehen konnte. Denn da war immer ein weiter, schützender Raum, der letztlich alles umgab.

Ich selbst aber, auch dessen war ich sicher, hatte die Aufgabe, einen solchen schützenden Raum für die Welt in meinem Inneren abzugeben.

Niemals habe ich diesem alles umfassenden, schützenden Raum einen Namen gegeben. Heute aber weiß ich: Es war ein Bild für Gott, das ich als Kind, wer weiß woher, gefunden hatte, so gefunden wie der Psalmist, wenn er sagt: »Von allen Seiten umgibst du mich.« Die Kraft dieser Vorstellung trug mich nicht nur durch meine Kinderjahre; sie trug mich auch durch die Zeiten, als ich erwachsen war und meinte, mein Leben werde in einem tödlichen Abgrund für immer verschwinden. Gerade in diesen Zeiten bewährte sich meine Kindheits-Theologie – nicht als gewußte, sondern als ahnungsvolle Gewißheit, daß es einen solchen Abgrund gar nicht gab.

Es ist klar, daß Pachamama, die Frau aus Chile, ebenfalls von diesen Welten wußte, sie trug sie ja in sich. An diesem gemeinsam gewußten Geheimnis hatten wir uns auf den ersten Blick erkannt und gefunden. Sie trägt ihre Welt aber nicht wie ein unabwendbares Schicksal. Pachamama tritt aus dem Schicksalhaften heraus und übernimmt Verantwortung, nimmt die ihr anvertraute Welt in Angriff.

Es ist keine von Zartheit umgebene Welt, die sie trägt, nein, mitten durch diese Welt hindurch schneidet der Stacheldraht, geht ein schreckliches Hemmnis. Was anderes ist Stacheldraht als eine moderne Form von Dornen, künstlichen, eisernen Dornen, die herzustellen wir Menschen beschäftigt sind mit eigens dafür geschaffenen Maschinen, um unsere Trennungen aufrechtzuerhalten, sie gefährlich, verletzend und unüberwindbar zu machen? Wo wäre ein Land, ein Ort, ein Tag ohne Stacheldraht? In welcher Sprache verstünden die Menschen nicht ohne Erklärung, was damit gemeint ist? Gibt es noch ein anderes, so weltumspannend verstandenes Symbol wie dieses des Schreckens? Es ist wie die Dornenkrone des geschundenen Jesus von Nazareth, der höhnische Inbegriff menschlicher Bosheit.

Den Dornen nachsinnend, kam mir ein Lied aus Kindertagen in Erinnerung. Pachamama hatte es wieder geweckt: »Maria durch ein' Dornwald ging – Kyrie eleison –, der hat sieben Jahre kein Laub getragen... Als das Kindlein durch den Wald getragen, da haben die Dornen Rosen getragen. Jesus und Maria.«

Nach all den Jahren der Dürre haben die Dornen Rosen getragen. Niemals ist mir dieses Lied als ein Protest gegen die menschengemachte Härte des Lebens erschienen, aber neben Pachamama wurde es dazu: ein Lied für alle, denen ein Stacheldraht das Leben zerfetzt. Es spricht von der Liebe und Geduld, die es braucht, um zu sehen, ob, ja ob aus dem Stacheldraht Rosen wachsen werden. Diese unbeugsame Geduld wächst nicht aus dem Nichts, sondern aus dem Verbundensein mit der Quelle des Lebens, mit Gottes schützender und befreiender Kraft. Es ist die Verbundenheit der chilenischen und argentinischen Mütter, der Greenham-Common-Frauen, der Greenpeace-Kämpfer, der Kinder in Südafrika, der Boykott- und Friedens-Frauen in der Bundesrepublik, der koreanischen, philippinischen, russischen und polnischen Frauen und Männer, und manche haben nicht einmal einen Namen für diese Verbundenheit.

Diese Art von Geduld harrt nicht nur aus, nein, sie arbeitet in zähen kleinen Schritten an gegen die Tragödien. Allem Anschein zum Trotz lebt sie in Erwartung, auch wenn sie noch gar nicht weiß, woraufhin genau. Sie glaubt nicht, daß die Widerwärtigkeiten des Lebens endgültig sind, weil Gott das Leben gut geschaffen hat und wir – trotz alledem – die Fähigkeit haben, gut zu sein. Etwas ist in das menschliche Herz eingepflanzt, das nicht glauben will, daß etwas dauern kann, was unschuldiges Blut gekostet hat. Das Böse trägt seine Niederlage schon in sich, auch wenn es vielleicht nicht so schnell geht, wie wir es wollen – aber eben unausweichlich. Es wird daran festgehalten, daß es etwas gibt, was jenseits des Bösen liegt, das sich die Menschen antun.

Aus dem Grab ist neues Leben hervorgegangen, wird neues Leben hervorgehen. Deshalb beginnen die Menschen immer von neuem, Blumen in den Stacheldraht zu flechten. Solange diese selbstgemachten Dornen nicht freiwillig Blumen tragen, wird es an uns sein, ihnen Rosen abzuringen.

Auf diesen weltverbessernden Torheiten wollen wir bestehen, weil wir Verantwortung übernommen haben für die Welt, die uns anvertraut ist, die wir in uns tragen und die uns trägt. Wir hoffen, und an manchen Tagen wissen wir es ja auch sicher, daß wir von einem schützenden Raum umgeben sind, vom schützenden Mutterleib Gottes. Deshalb wird eines Tages auch der Stacheldraht Rosen tragen, denn mit Gott sind alle Dinge möglich.

Pachamama wird von dem Stacheldraht, den sie in sich trägt, nicht zerrissen. Diese Hoffnung, diese Kraft teilt sie uns mit aus der Tiefe des Bildes der Jane Ray.

Ein Fenster zum Himmel

Vor 1200 Jahren hat das Konzil von Nizäa eine Erklärung über die Ikonen abgegeben. Darin heißt es, daß »gemalte Bilder eine Bekräftigung der wahren und nicht eingebildeten Menschwerdung Gottes, des Wortes«, seien. »Ikonen«, so sagen die orthodoxen Kirchen, »sind offene Pforten, sind geistige Fenster, die eine Vision und eine Beziehung zu Gott eröffnen.«

Irgendwann im Verlauf dieser Reise mit Pachamama wurde es immer deutlicher, daß Jane Ray – ohne ihr Wissen? – für die chilenische Menschenrechtsgruppe eine echte Ikone gemalt hatte, etwas Heiliges also. Dieses Bild ist ein geistiges Fenster, durch das hindurch Gott uns anblickt und uns zu wahreren, besseren, eben gottebenbildlichen Menschen machen will. Das Bild ist ein Ruf in unsere Zivilisations-Wüsten und Gewalt-Landschaften hinein, »das Leben zu wählen«, das uns anvertraute innere und äußere Universum zu schützen; zu trösten und zu trotzen; zuzudecken, was Schutz braucht, aufzudecken, was das Licht der Wahrheit scheut.

Wider die Jenseits-Gelüste

Laßt uns das Zeitliche
segnen
denn unsre
immer noch gültige Welt
hat Risse
durch die schon das Ende tropft

Laßt uns
um Gottes willen
das Zeitliche segnen

solange uns Kraft bleibt
JA zu sagen zu dem
was von Anfang mit allem gemeint war

Pachamama, so scheint es mir, will uns helfen auf dem schwierigen Weg, den wir als Frauen gehen. Sie gibt uns matriarchale Wurzeln und verheißt uns biblische Früchte durch die befreienden Traditionen der Bibel, aus denen heraus Jesus von Nazareth lebte und lebt. Die nackten Füße dieser Frau sind auf den Weg des Friedens gerichtet, eines Friedens, der Gerechtigkeit sucht. Ihre unzerstörbare Würde widersteht der Unwürdigkeit. Inmitten des Stacheldrahtes hält sie das Leben aufrecht. Pachamama verweigert ein klischeehaftes Mutter-Kind-Bild. Sie erinnert daran, daß wir uns nicht auf den Schutz des Lebens der kleinen Kinder beschränken können, wenn da keine Welt sein wird, in der sie als Erwachsene werden atmen und leben können, weil wir diese Welt vergiftet, ausgehungert und mit Gewalt überzogen haben.

Können wir diese Frau anschauen und einfach weiterhin bei unserem »So-ist-es-eben« sitzenbleiben, bei der Ver-un-heiligung der Welt, bei den täglichen großen und kleinen Feigheiten? Heute geht es ja um die Zukunft der gesamten Erde. Viele, die aus der christlichen Tradition leben wollen, halten gegen die theologische Veruntreuung des Irdischen und die Jenseitsflucht, die, Gott sei es geklagt, so oft eingeübt wird in unseren Gottesdiensten, daran fest: Wir können Gott allein nicht die Ehre geben, wenn wir zulassen, daß die Welt und die Menschen, die in Gottes Händen, in Gottes Schoß ruhen, zerstört werden. Damit vollziehen wir den größten, den wirklichen und vielleicht letzten Sündenfall.

Daß unser Aufstand für das Leben eine höchst religiöse, gläubige Handlung ist, weil Gottes Heiligkeit in der Welt auf dem Spiel steht; daß wir mit jeder mutigen Handlung in Wahrheit inständig vor Gott knien; daß wir mit den Parolen unserer Plakate aufrichtige Gebete verrichten, mit unseren Blokkaden und Petitionen in den Korridoren der Macht »Kyries« und »Magnifikats« singen – dies alles will uns diese Ikone lehren. Sie lehrt uns die »fromme« Seite unseres Widerstandes. So wird sie für uns ein Fenster zum Himmel.

An einem schönen Tag in der Karibik hatte dieses Bild zu mir zu sprechen begonnen, als ich es fast achtlos aus einem Umschlag zog. Immer deutlicher vernahm ich jetzt die leise, aber ausdrückliche Stimme, die sagte: »So bist du gemeint. So wirst du sein.«

Zu Hause in der Fremde

Als ich endlich in meiner deutschen Heimat an der pfälzisch-elsässischen Grenze ankam, suchte ich einen geeigneten Platz für meine neue Freundin. Pachamama wachte noch immer mit Adleraugen über ihrer Welt. Sie nahm sich eigenartig fremd aus unter den Sandsteinfelsen und Burgruinen. Sie und ich, wir waren aber noch kaum angekommen, da trafen wir mitten in die Unruhe, die eine Blockade der Friedensbewegung vor dem hier befindlichen Giftgaslager verursacht hatte. Frauen und Männer waren von weither gekommen, um ihrem Protest für das giftgas-freie Leben in unserem Land Ausdruck zu verleihen. Sie kämpften friedlich und standhaft. Die Wellen der Erregung gingen hoch in den umliegenden Dörfern. Es rauschte im lokalen Blätterwald von heftigen Leserbriefkontroversen: »Schaden solche Demonstrationen nicht dem so dringend benötigten Tourismus in dieser strukturschwachen Region? Haben die Amerikaner nicht kostbare Arbeitsplätze geschaffen? Welche Gefahren bestehen denn wirklich für die Bevölkerung und für die Landschaft?« usw. Endlich war ein heilsames Brodeln in den Köpfen der Leute in Gang gekommen.

Plötzlich war Pachamama gar nicht mehr so fremd in dieser Gegend. Sie war einfach wieder unter ihresgleichen, bei denen, die begonnen haben, aufzustehen für das Leben, geradeso wie in Chile auch. Eine weltweite Geschwisterlichkeit verband sie ganz natürlich mit den demonstrierenden Frauen und Männern im Pfälzer Wald. Sie war in der Fremde zu Hause – und will auch uns zu solchen machen, die in jeglicher Fremde Menschen wissen, mit denen sie zu Hause sind.

Eines Morgens ging ich mit meiner Patentochter Hanna, die so gerne Kirchen besucht, in eine der elsässischen Dorfkirchen. Es war zufällig eine katholische Kirche. Hanna bestaunte die schöne, etwas kitschige Buntheit um uns her. In der stillen Leere des Morgens zündeten wir an einem Kreuzweg dem Jesus und der Maria und den toten Kindern eine Kerze an. Nach dieser langen Reise mit Pachamama fühlte ich mich plötzlich wie angekommen.

Gerne hätte ich das Bild der Pachamama irgendwo aufgehängt. Ich hätte sie auch gern zum Lächeln bewogen, sie ist doch sehr ernst. Eine tiefe Dankbarkeit kam in mir auf für all die mutigen Frauen und Männer am Giftgaslager; für die großen und kleinen Bekehrungswunder in meiner eigenen Familie, die diese Demonstration ausgelöst hatte; aber auch für die Beharrlichkeit derer, die schon lange, und immer wieder, in diesem schönen Landstrich, der meine Heimat ist, für die Bewahrung von Gottes Schöpfung aufstehen, Frieden und Streit wagen und dafür schon viele Prügel und manche Wunde hinnehmen mußten.

Aber ich wollte auch danken für die wunderbare spirituelle Reise, die ich mit Pachamama gemacht hatte, für das Talent des Malens der Jane Ray, für die Indios und die Menschen in Chile, die nicht aufhören zu hoffen und zu protestieren, und für alle, die den Traum von einer gerechteren Welt träumen und daran arbeiten, wo immer auf dieser Welt. Gracias a Dios. Gracias a la vida. Ein paar Zeilen dieses Liedes der Violeta Parra gingen mir durch den Kopf: diese mutigen, unvergessenen Verse.

Gracias a la Vida

»Ich danke dem Leben, das mir so viel gegeben.
Es gab mir zwei Augen, um damit klar zu unterscheiden,
was weiß und schwarz ist,
um die Sterne auf dem Grund des Himmels zu sehen
und die Menschheit, die ich liebe,
in der Menschenmenge...
Ich danke dem Leben, das mir so viel gegeben,
es gab mir das Lächeln, es gab mir das Weinen,
es lehrte mich Glück und Leid unterscheiden...«[12]

Da kam mir der Gedanke, die Reise-Erlebnisse mit Pachamama aufzuschreiben, damit vielleicht noch mehr Menschen ihr begegnen und von ihrer Auf-Standhaftigkeit angesteckt werden könnten.

Aber auch, damit das Gespräch über das Woher und Wohin von uns Frauen weitergeht...

Anmerkungen

1 Diese und andere Einzelheiten dieses Kapitels sind in Gabriel Garcia Marquez: Die Abenteuer des Miguel Littin, Illegal in Chile, Köln 1987, berichtet.
2 Lois Kroehler (Hg.), Señales y Cantos del Reino, Havanna, Kuba, 1982, S. 37: Salvador Allende.
3 Women-Church: In Amerika treffen sich Frauen, die sich wegen des in Liturgie und Predigt herrschenden Sexismus spirituell ausgeschlossen fühlen, in Haus-Kirchen, wo sie ihre eigenen Gottesdienste feiern, besonders katholische Frauen.
4 Der französische Theologe George Casalis berichtet über diese Erfahrungen in einem Aufsatz der Jungen Kirche 5/73; daraus stammen die zitierten Sätze und einige andere Gedanken.
5 Die historisch-kritische Bibelforschung hat herausgefunden, daß die ältesten Traditionen der Bibel in der Auszugs-Geschichte im 2. Mose-Buch enthalten sind. Die in der Reihenfolge *zuerst* erscheinenden Schöpfungsberichte entstammen einer späteren theologischen Schicht.
6 »Roß und Reiter« stehen hier für die militärische Stärke Ägyptens.
7 Berufungsgeschichten enthalten folgende Elemente: a) Göttlicher Auftritt, b) Anruf, c) göttliche Beauftragung, d) Widerspruch der berufenen Person, e) göttliche Bekräftigung, f) göttliches Zeichen, nach Rita Burns, The Book of Exodus, CONCILIUM 189, Edinburgh 1987 (engl.), S. 21.
8 Martin Buber, Pointing the Way, New York 1954: »The mystery is that of man's creation as a being with the power of actually choosing between the ways, who ever again and even now has the power to choose between them. Only such a being is suited to be God's partner in the dialogue of history. The future is not fixed, for God wants man to come to Him with full freedom...«, S. 198. [Dies ist trotz sexistischer Sprache gerade auch für Frauen wahr. A. d.V.]

9 Diese Übersetzung, die die Einheitsübersetzung und die revidierte Luther-Bibel zugrunde legt, versucht, die sexistische Festlegung der Gott-Rede zu vermeiden.
10 Die Zeitform ist im Griechischen der gnomische Aorist, der keine Vergangenheitsbedeutung hat, sondern jederzeit gültige Sentenzen ausdrückt. So übersetzt es auch Luther.
11 Cantate Domino, Bärenreiter, Kassel, Basel u.a. 1974, Nr. 39: Sing we a song of high revolt.
12 Dritte-Welt-Liederbuch, Hg. Aktion Selbstbesteuerung, Bielefeld o.J., S. 162: Violetta Parra, Gracias a la Vida (eigene Übersetzung).

Bärbel von Wartenberg-Potter
Wir werden unsere Harfen nicht an die Weiden hängen
Engagement und Spiritualität
158 Seiten, kartoniert
ISBN 3-7831-0815-2

»An der Wiege meines eigenständigen Denkens stand die Empörung«, beginnt Bärbel von Wartenberg-Potter ihr Buch. Empörung über das Unrecht auf der Welt auf der einen und die Weltfremdheit der Theologie auf der anderen Seite. Die Empörung wandelte sich bei ihr in eine neue Spiritualität, in der Glaube und Welt zusammengesehen werden, und in leidenschaftliches Engagement gegen die Unrechtsstrukturen und gegen den Mißbrauch des christlichen Glaubens zur Rechtfertigung des Bestehenden. Das Bonhoeffer-Wort von Widerstand und Ergebung wird zum Leitmotiv.

Dies ist ein autobiographisches und zugleich ein Sachbuch. Ein Buch mit scharfer Polemik und zärtlicher Wärme. Ein feministisch-theologisches Buch, dessen Aussagen dennoch original biblisch und evangelisch sind.

Angelika Schmidt-Biesalski (Hrsg.)
Befreit zu Rede und Tanz
Frauen umschreiben ihr Gottesbild
160 Seiten, kartoniert
ISBN 3-7831-0967-1

Frauen haben in den letzten Jahren das patriarchale Gottesbild kritisiert. In diesem Band geben fünfzehn Feministinnen Auskunft darüber, welches Bild vom Göttlichen für sie heute sinnstiftend und lebensfördernd ist.

Marga Bührig
Spät habe ich gelernt, gerne Frau zu sein
Eine feministische Autobiographie
280 Seiten, gebunden
ISBN 3-7831-0888-8

Die ungewöhnlich selbstkritische Autobiographie einer Frau, die sich von ihren Studienjahren an in der Frauenfrage engagiert hat. Sie erzählt von drei Bekehrungen: die erste zum Christentum, die zweite »zur Welt«, die dritte, schon über sechzig, zum Feminismus, das heißt zur feministischen Theologie und zum Engagement für den Frieden.

Diese Autobiographie ist zugleich eine Geschichte der Frauenbewegung der letzten Jahrzehnte in der Kirche.

Liebe Leserin, lieber Leser,

»Brücken zum Menschen« – unter diesem Motto stehen die Bücher aus dem Kreuz Verlag. Sie finden Lebenshilfe und Gedanken zu aktuellen Themen, die die Menschen heute bewegen.
Gern informieren wir Sie regelmäßig über alle Neuerscheinungen.
Schicken Sie einfach diese Karte ausgefüllt zurück. Wir berichten Ihnen jeweils im Frühjahr und Herbst über die neuen Bücher.

Mit freundlichen Grüßen
KREUZ VERLAG
Leser-Dienst

Klaus Vahlbruch

Bitte als Postkarte frankieren

Antwort

An den
Kreuz Verlag
Leser-Dienst
Postfach 80 06 69

7000 Stuttgart 80